U0036599

元華文創

體 驗 式 交 流
對臺灣年輕人文化認同之影響

透過焦點團體訪談研究方法，來實際瞭解閩南地區的體驗式交流。

對於參加過活動的臺灣年輕人來說，

是否真能增強他們對於臺灣和閩南文化連帶關係的認識，

並因而提升「兩岸一家親」的文化認同，對於兩岸的文化交流措施提出建言。

簡銘翔 ——— 著

作者序

　　政治大學選舉研究中心的調查研究顯示，近年來臺灣地區民眾的「臺灣人認同」快速上升，「是臺灣人也是中國人」和「中國人」的認同則明顯下滑，而在「臺灣人認同」中，又以閩南族群的表現特別強烈。這種民意趨向對於兩岸關係和平發展構成了嚴重挑戰，也考驗著海峽對岸處理兩岸關係的定力和智慧。雖然面對臺灣民眾國族認同往「臺灣人」偏移，但迄今為止，中國大陸方面並未放棄「和平統一」的大政方針，仍然希望透過加強經濟和文化交流，促進兩岸人民的心靈契合，進一步推動兩岸的融合發展。其中，藉由臺灣和福建閩南地區特別深厚的血緣和文化淵源，推動讓臺灣民眾特別是年輕世代有感的文化交流活動，增強文化認同上「兩岸一家親」的感受，顯然是大陸方面認為可行的途徑之一。

　　本書的研究目的就是要採取具有實證意涵的研究途徑，透過焦點團體訪談研究方法，來實際瞭解閩南地區的體驗式交流，對於參加過活動的臺灣年輕人來說，是否真能增強他們對於臺灣和閩南文化連帶關係的認識，並因而提升「兩岸一家親」的文化認同。同時，藉由研究發現，對於兩岸的文化交流措施提出建言。

　　本書的研究發現顯示，未來制定兩岸交流相關政策或是由兩岸民間主導相關交流時，允宜增加體驗式交流活動，除了有利於增進兩岸的友善理解之外，也有利於建構兩岸閩南文化的基礎認識以及認同。創造有利於文化交流的情境是推動兩岸交流應該加強的路徑。

閻儷翔

目　次

表目錄

圖目錄

第一章 緒論

第一節 研究動機、問題與目的

壹、研究動機

　　臺灣人口的族群比例依照行政院《國情簡介》網頁的說明，以漢人為最大族群，約占總人口 97%，其他 2%為 16 族的臺灣原住民族，另外 1%包括來自中國大陸的少數民族、大陸港澳配偶及外籍配偶。在漢人族群中，閩南人約占 77%，客家人和外省人各約 10%。[1]所以，海峽兩岸基本上同文同種是無可否認的事實，同時，無論是血緣根脈或文化傳承，如語言使用和風俗習慣，臺灣和福建閩南地區的連結都特深厚。但是，政治大學選舉研究中心的調查研究顯示，近年來臺灣地區民眾的「臺灣人認同」快速上升，「是臺灣人也是中國人」和「中國人」的認同則明顯下滑，而在「臺灣人認同」中，又以閩南族群的表現特別強烈。這種民意趨向對於兩岸關係和平發展構成了嚴重挑戰，也考驗著海峽對岸處理兩岸關係的定力和智慧。

　　雖然面對臺灣民眾國族認同往「臺灣人」偏移，但迄今為止，中國大陸方面並未放棄「和平統一」的大政方針，仍然希望透過加強經濟和文化交流，促進兩岸人民的心靈契合，進一步推動兩岸的融合發展。其中，藉由臺灣和福建閩南地區特別深厚的血緣和文化淵源，推動讓臺灣

---

[1]　行政院，〈國情簡介〉，<https://www.ey.gov.tw/state/99B2E89521FC31E1/2820610c-e97f-4d33-aa1e-e7b15222e45a>。上網檢視日期：2020 年 8 月 24 日。

民眾特別是年輕世代有感的文化交流活動，增強文化認同上「兩岸一家親」的感受，顯然是大陸方面認為可行的途徑之一。

2017 年 11 月 29 日大陸國務院臺灣事務辦公室發布新聞稿，文中表示：「為持續創新兩岸青年交流形式，讓臺灣青年在體驗式交流互動中，共同弘揚中華文化，更為深入地了解大陸在社會經濟文化各方面的發展成就，近日，福建省臺辦推動設立了首批 5 家臺灣青年體驗式交流中心。」新聞稿宣稱：「此舉為大陸各省市區首次創新設立的臺青體驗式交流中心，有助於推動兩岸青年交流由『走馬觀花』，進入更接地氣、更有獲得感的『下馬看花』階段。」首批這 5 家臺灣青年體驗式交流中心，分別為福州傳統文化促進會、福州唯美客文創聚落、漳州東南花都、湄洲島媽祖文化影視園和中國閩臺緣博物館。[2]其中，漳州東南花都、湄洲島媽祖文化影視園和中國閩臺緣博物館，都座落在閩南地區。

這些動作突顯了大陸涉臺系統有意藉由體驗式交流來影響臺灣年輕一代對於大陸觀感和認同度的企圖，首批臺青體驗式交流中心均設立在福建的原因，很顯然是因為臺灣民眾絕大多數祖先來自福建，尤其是閩南地區。對於大多數的臺灣青年來說，閩南地區的體驗式交流應該更容易有血緣和文化親近性的感受。那麼，這種新型態的交流活動是否真的有助於提升參與者的文化乃至於民族認同感？這是本書最主要的研究動機。

兩岸間的交流含括各種領域，除了最早開啟的經貿往來之外，還有文化、學術、教育等領域的交流，這些交流有許多是由民間推動，少了官方色彩，比較容易擺脫束縛，接上地氣。兩岸自開放探親以來，顯而易見的是當時的兩岸雙方，試著用民間交流的方式，讓分治數十載的兩

---

[2]　國務院臺辦，〈福建設立首批臺灣青年體驗式交流中心〉，<http://big5.gwytb.gov.cn/local/201711/t20171129_11873291.htm>。上網檢視日期：2020 年 6 月 5 日。

岸人民開始相互瞭解，官方互動敏感而牽涉甚廣，從雙方社會（民間）率先交流，有助於日後兩岸的和平發展，文化方面的交流亦是由此開展。

「文化接近性」、「體驗式交流」和「文化認同」是貫穿本篇論文的3個核心概念。循著中國大陸在閩南地區成立「臺灣青年體驗式交流中心」的政策思維，本書嘗試在理論脈絡的梳理之外，透過參與者訪談的實證研究途徑，去驗證參加過閩南地區體驗式交流活動的臺灣年輕人，是否因為臺灣地區和閩南地區擁有文化接近性，而更容易理解臺灣文化和閩南文化的同源同根，因而增強了「兩岸一家親」的文化認同。

臺灣自有史記載以來，便為廣納多元文化之地。從區域來說，臺灣的移民多從閩南地區移入，相當大程度的受閩南文化影響，閩南文化在臺灣幾乎無處不在，包括語言、習俗、宗教等，這就使得臺灣和閩南地區產生了「文化接近性」（cultural proximity）的連結。如閩南語即為臺灣人民（尤其是臺灣南部）日常生活溝通常用的方言，抑或是南部仍舊保存完整的閩式傳統建築，實實在在的展現出已被內化於臺灣整體的閩南基因。

在學術研究上，「文化接近性」這個概念大多運用在傳播學領域，Joseph D. Straubhaar 於 2009 年發表《超越媒介帝國主義：不對稱交互依賴與文化接近性》這篇論文後，這個概念就被廣泛運用，成為研究跨地區文化交流的重要概念。[3]這個概念認為，就跨國或跨地區的媒體傳播效力來說，文化接近性高的節目或內容，比較容易被受眾接受，得到受眾認同。因此，本書所搜尋到引用這個概念的臺灣25篇學術期刊與70本學位論文中，大多數把文化接近性一詞運用在傳播學的研究上，較少運用

---

[3] Straubhaar, Joseph D, 2009. "Beyond media imperialism: Asymmetrical interdependence and cultural proximity", *Critical Studies in Mass Communication*, Vol. 8, pp. 35-59.

在兩岸文化交流方面。

　　理論上，兩岸之間由於同文同種，彼此交流所遭遇到的文化隔閡會比較少，不過，民進黨執政時期，如 2000 年至 2008 年期間及 2016 年以後，其文化政策基本路線是「文化根源的斷鏈」。在談及閩南文化時，直接將閩南文化轉化為「臺灣獨有的文化」，如閩南語——源自閩南地區的地方方言被刻意稱為「臺語」，從生活中常用的「語言」面開始進行文化斷鏈，避談臺灣主要的閩南文化之根源。如此做法不利整體傳統文化的保存，並因閩南傳統文化的產物，如建築、飲食等，日漸模糊或式微，更不利於閩南文化保存。此時，姑且不論大陸方面是否有統戰的用意，以閩南地區的體驗式交流來為臺灣傳統文化尋根，不失為文化保存的一條好路徑。

　　「體驗」類同一種「親身經歷」，由行為者自身投入由某種文化或其他活動所構築而成的「情境」中，經歷該「情境」所欲傳遞的某種「意涵」。而「體驗」的過程中，由行為者自身與「情境」互動，進而促成資訊傳遞，這並非單向的傳遞，更可能偏向雙向的「交流」，行為者自身同樣在與「情境」產生共鳴，相互交織影響之下，對行為者產生一定的學習暨交流效果，此即「體驗式交流」所欲達成的功效。

　　兩岸之間的分歧乃至於彼此敵視，某種程度源自於官方的操弄和媒體的渲染炒作。有些臺灣民眾仇視大陸卻從未試著去了解大陸的實際狀況和兩岸的淵源連結，甚至於完全忽略許多被冠上「臺灣」字樣或定位為臺灣特色的文化元素，其實擺脫不掉它們的閩南根源。所以，本書希望透過對實際參與閩南地區體驗式交流的臺灣年輕人進行深度訪談，以探索閩南地區體驗式交流對臺灣年輕人文化認同的影響。

貳、研究問題

　　文化接近性是核心概念，導致大陸認為在相同的文化背景下，透過文化交流的體驗式交流途徑，比較能夠增加青少年對大陸閩南文化的認同，進而提高或者增進兩岸一家親的目標。所以，本書想了解，目前這種以文化人的體驗式交流，是否有用？

　　兩岸間的交流本是熱絡而良好，交流領域含括各種領域，從文化、學術、教育再到經濟等軟性交流，而上述的交流性質偏向民間交流，少了些官方的色彩。兩岸自開放探親以來，顯而易見的是當時的兩岸雙方，若試著用民間交流的方式，讓分治數十載的兩岸人民開始相互瞭解，官方互動敏感而牽涉甚廣，從雙方社會（民間）率先交流，有助於日後兩岸的和平互動暨發展，文化方面的交流亦是由此開展。

　　文化接近性是本書的關鍵概念，研究臺灣自有史記載以來，便為廣納多元文化之地。從區域來說，臺灣的移民多從閩南地區移入，相當大程度的受閩南文化影響，閩南文化在臺灣幾乎無處不在，包括語言、習俗、宗教等。兩岸人民身上的印記所認同的傳統、歷史、文化、記憶等。如閩南語即為臺灣人民（尤其是臺灣南部）日常生活溝通常用的方言，抑或是南部仍舊保存完整的閩式傳統建築，實實在在的展現出已被內化於臺灣整體的閩南基因。

　　但是，臺灣的政黨輪替——由特定立場的政黨上臺執政，如 2000 年及 2016 年 2016 年兩次政黨輪替，執政黨所採取的文化手段可化約成「文化根源的斷鏈」。執政黨談及閩南文化時，直接將閩南文化轉化為「臺灣獨有的文化」，如閩南語——源自閩南地區的地方方言被刻意稱為「臺語」，從生活中常用的「語言」面開始進行文化斷鏈，避談臺灣主要的閩南文化之根源，如此做法不利文化保存，對於臺灣地區民眾的「臺灣人認同」快速上升，「是臺灣人也是中國人」和「中國人」的認

同則明顯下滑，而在「臺灣人認同」中，又以閩南族群的表現特別強烈，閩南傳統文化的產物，如建築、飲食等，日漸模糊或式微，更不利於閩南文化保存。

因此，希望透過「體驗交流」，兩岸共同交流及保存閩南文化，如何透過無目的性的文化交流，達到有目的性的文化自性的建立，滿足「兩岸一家親」的真正內涵，閩南地區的體驗式交流來為臺灣傳統文化尋根，不失為文化保存的一條好路徑，更是論述的主要目標。透過體驗式學習，把口號與觀念落實到實際的參與，或者社會接觸，讓文化交流可以連續，讓兩岸人民以文化仲介更進一步理解，或者這才是真正實際兩岸一家親的最佳途徑。

「體驗」類同一種「親身經歷」，由行為者自身投入由某種文化或其他活動所構築而成的「情境」中，經歷該「情境」所欲傳遞的某種「意涵」，而「體驗」的過程中，由行為者自身與「情境」互動，進而促成資訊傳遞，這並非單向的傳遞，更可能偏向雙向的「交流」，行為者自身同樣在與「情境」產生共鳴，相互交織影響之下，對行為者產生一定的學習暨交流效果，此即可稱為「體驗式交流」。兩岸的分歧，某種程度源自媒體的渲染跟仇恨炒作，仇視大陸地區卻從未試著了解過彼此，了解既有困難，就由閩南文化為出發，讓兩岸青年更加認識彼此，更是有助於兩岸交流的新途徑。

參、研究目的

1. 想確認文化交流是否是推動兩岸交流的好途徑？從歷史角度、從文獻分析中找線索與證據。

2. 想找出目前在政治與經貿交流外，體驗式文化交流是否個正確的途徑？從研究方法與問卷調查中找。

3. 體驗式文化交流若是好方法，能否有效緩解兩岸衝突呢？

　　臺灣在 1987 年解除戒嚴令，開放臺灣民眾赴大陸探親，多年分治的海峽兩岸開始了交流往來。早期的時候，兩岸交流互動以經貿往來為主，尤其是表現在臺商赴大陸投資和臺灣對大陸出口的快速增長。隨後，文化領域的交流也趨於頻繁。特別是在 2008 年至 2016 年國民黨執政期間，海峽兩岸在「九二共識」的共同政治基礎上，除了透過海峽交流基金會和海峽兩岸關係協會展開官方的接觸協商之外，民間的文化交流活動更是熱絡。

　　然而，2016 年政黨再次輪替之後，由於民進黨當局不肯承認「九二共識」，使得海基和海協兩會的協商中止，官方接觸中斷，不過民間的交流活動仍然持續。在官方往來無以為繼的情況下，大陸方面仍然以「寄希望於臺灣人民」的思維，持續推動兩岸之間的經濟和文化交流，希望經由「融合發展」的途徑，推進兩岸「和平統一」。特別是面對「去中國化」教育環境中成長的臺灣「天然獨」年輕世代，大陸方面企圖以具有新意的文化交流活動來影響臺灣年輕人的文化乃至於民族認同，臺灣青年體驗式交流中心的成立和閩南地區體驗式交流活動的舉辦乃應運而生。

　　文化交流是軟性的、互相理解的，甚為一種雙向且隱性的訊息交流。在兩岸受政治力影響而緊張情勢有所升高的情況下，如果能夠透過體驗式交流促進兩岸人民相互理解，乃至於願意為保存兩岸共享之傳統文化（即閩南文化）共同努力，多少可以減輕兩岸民間的敵意，成為避免兩岸政府政治對抗升高的緩衝。

　　理論上，由於臺灣和閩南地區擁有語言、習俗和宗教信仰上頗多共同元素，在文化接近性的基礎上，開展閩南地區的體驗式交流活動，應該會有助於參加過活動的臺灣青年增強「兩岸一家親」的文化認同感。然而，實際上這會否只是大陸單方面的想法呢？今天臺灣的年輕世代，

主要成長在「去中國化」的教育環境中，再加上民進黨執政後，媒體不斷渲染「恐中」、「反中」的氛圍，在這種情況下，透過閩南地區的體驗式交流，是否真能增強參加過活動的臺灣青年對於臺灣和閩南文化連帶關係的認識，並因而提升「兩岸一家親」的文化認同，其實是一個需要經過實證研究來檢驗的課題。

　　本書的研究目的就是要採取具有實證意涵的研究途徑，透過焦點團體訪談的研究方法，來實際瞭解閩南地區的體驗式交流，對於參加過活動的臺灣年輕人來說，是否真能增強他們對於臺灣和閩南文化連帶關係的認識，並因而提升「兩岸一家親」的文化認同。同時，藉由研究發現，對於兩岸的文化交流措施提出建言。

第二節　研究設計

壹、研究途徑、方法和架構

一、研究途徑

　　本書採取具有實證意涵的研究途徑，瞭解參與閩南地區體驗式交流活動的臺灣年輕人，是否因為參與了活動，而得以提升其對「兩岸一家親」的認同感。資料的蒐集和分析兼採質性和量化的研究途徑。

　　在質性研究途徑的部分，本書主要透過文獻的梳理，回顧兩岸文化交流的歷程，說明兩岸文化交流的現況。在量化研究途徑的部分，則透過多場焦點團體座談，對參與過閩南地區體驗式交流的臺灣年輕人發放問卷，統計受訪者對體驗式交流各方面的感受和意見，作為體驗式交流成效的評估依據，並依據相關發現對兩岸交流興革之道提出建言。

二、研究方法

依據本書所採取的研究途徑，本書在研究方法部分會採用以下兩種研究方法。

（一）文獻分析

文獻分析是透過文獻的蒐集、分析、歸納、研究來提取所需資料，並對文獻作客觀而有系統的描述的一種研究方法。本書蒐集的文獻資料包括國內外曾發表過類似題目的學者們的著作、海峽兩岸官方文件、新聞媒體報導等。透過有關文獻的整理分析，本書除了說明兩岸文化交流的歷程和現況之外，也會透過蒐集兩岸文化交流有關的數據，例如文化交流的次數、文化交流團（含學術交流團）出團次數、兩岸民間相互訪問的次數等，以檢視目前兩岸文化交流的順暢度，以及跟過去相比來說，兩岸文化交流的現況是越來越熱絡，抑或是越來越冷卻？以探知兩岸文化交流情況的變化，是否有政治力的介入，使得兩岸文化交流受到甚麼影響。

（二）焦點團體訪談

本書同時採取「焦點團體訪談法」，針對從事兩岸交流之團體，進行質性和量化的研究。焦點團體訪談藉著與團體成員的互動、訪談，收集團體成員對特定主題的想法、意見、知覺、態度與信念。焦點團體訪談常用於研究的初期探知研究者之研究主題的相關資料，並將相關資料用作為協助發展初步研究之概念、工具及計畫，在此基礎上進行規模較大的量化研究，比如稍有規模的問卷調查。

透過邀請實際參與過閩南地區體驗式交流活動的臺灣年輕人進行焦點團體訪談，本書嘗試蒐集與本書主題相關的各方面資料，包括在參加活動之前和之後，是否對於臺閩之間的文化關聯性有更深刻的體認，是否提升了他們對於「兩岸一家親」此一說法的認同度，以及他們對於既有之兩岸文化交流活動的評價與興革建議。

　　為了更系統性地整理焦點團體訪談所取得的資料，本書亦針對參與焦點團體訪談的成員，進行問卷調查，並根據問卷調查之結果予以分類、統計以及交叉分析，求取一個較為全面與綜合的調查結果。如此也有助於取得本書需要的資料，比方說實際的造訪中國大陸的經驗之於增加兩岸文化認同的影響，尤以閩南文化為主的文化認同，是否實際有助於建立兩岸閩南文化認同而赴陸進行體驗式交流，如閩南文化主體的文化交流活動，是否跟增加廣泛的「中華民族認同」，涉及身分認同的「中國人認同」有所關聯或助益。

三、研究架構

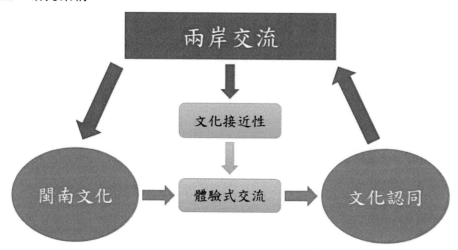

圖 1　研究架構圖

　　本書將從「文化接近性」及「文化認同」的概念出發，探討大陸「以文化人」的對臺政策，在文化接近性高的閩南地區，透過大量的文化接觸，是否對臺灣年輕人在文化認同上發揮效用。

　　兩岸文化交流是基於閩南文化的文化接近性，透過體驗方式，將文化接近性中的特點發揮，將參與者帶入情境，再現閩南文化，讓參與者融入後，產生有情有感，最後認同兩岸一家親，提高文化認同。

　　體驗，是更深層的感知。文化，透過符號或者媒介進行建立共識，是某種感知與意象。文化接近性已充分把兩岸人民對於代表閩南文化的部分符號，例如：閩南語、民間信仰等拉近距離；但若能再透過體驗去觸摸，是否可以更提高他們的感知。

　　誠如在傳播學受眾研究中所提及，透過比較沒有目地性的接觸，例如：文化交流體驗，讓臺灣年輕人先以行動來多認識閩南文化，在行動中了解認知閩南文化，透過學習體驗閩南文化，改變原本在臺灣對於閩南文化錯誤的認知，最終在態度與情緒上，就會慢慢接受閩南文化同屬兩岸的事實。這就是一種文化認同的過程與程序。

　　兩岸文化有著高度相似性，臺灣的文化亦是中華文化的延續與傳承，但經歷兩岸長期分治，也各自發展出特色。體驗式交流的設想是經由文化種類、認識方式、宣傳模式及其它層面予以分類後，再帶到「體驗」。

　　再來由「體驗」將參與者帶入「情境」，與「情境」互動並產生一定程度的共鳴，形成互動又交流的效果，藉以提高對大至中華文化、微觀至閩南文化的認同，進一步產生利於閩南文化的保存。而閩南文化的保存又與「文化接近性」高度相關、相互影響，形成嚴密之研究架構。

　　文化因由人類之行為產生，並經由一段時間的累積，形成一定之體系。文化有相同之處，亦有相異之處，故可從而區分出種類、方式、「宣傳」、其它的層面等，而「宣傳」乃是建立在「試圖吸引人與之交流」的前提之上，會透過某些行銷方式，提高有關之文化能見度。而這種「宣傳」並非建立在營利導向的商業之上，而是公開卻不營利、公開又鼓勵人們與有關之文化互動的前提，由此會進入到下一個階段——「體驗」。

　　人們通過「體驗」有關之文化內外在意涵，譬如飲食、服裝、紀念品等，甚而鼓勵外來於有關文化、正在參與「體驗」的人們，收集該文

化相關的「符號」，如貨幣、圖騰製品，進而提高對於該文化的「認同」。「認同」利於文化的「保存」，原因在於文化的「保存」主要奠基於「有人正在此種文化體系當中」，或者是「有人正在使用或體驗文化相關一切」，前者較偏向原本便身處在文化體系的社會成員；後者則是「原本不屬於該特定文化體系的社會成員」經由某些方式，譬如旅遊、交流又或者是「近似於國民外交」的方式，認識到文化及由其而生的產物後，對文化產生認同，對後續的文化保存產生益處。

除了某些因地理因素或本身文化本就排外的特殊文化外，大部分文化體系並非封閉而拒絕交流，反而具有公開、消極或積極的鼓勵與不同文化間的交流，消極的部分可能是「不排斥交流」，有外來的文化進入，與之互動的化，原先文化並不會形成一股社會力量將之「驅除」；積極的部分則是，不但鼓勵，甚至由原先文化的社會成員，主動向外尋求交流，促成不同文化間的交融，以強化原本的文化，或為了保存文化而為積極的交流。

是故，設計本文的研究架構，乃是在建立一種「文化交流」的循環結構，文化若難得人們的認同，抑或是退一步言之，某些文化不再被人所「使用」，有關文化自然而然會消失於世上。既然，文化乃由人類行為及其社會創造、累積，自然亦會因為人們不再使用、「體驗」它，進而被社會有機體視為「過時的文化」，社會機制會自然將其汰除，傳統文化的式微很大部分來自於前述之原因。可是，文化是否真有所謂「過時」的問題，傳統就可能過時嗎？文化由人所造，也能為人所「再造」，提高文化的認同，進而力促文化的保存，未來便有可能成為文化融合的「資糧」，致力於文化的保存不僅為了維持文化多元性，也可能是為了保有文化深層的有關價值，價值則須經過一定時間人類行為與「約定俗成」的形塑，一旦消失，則找回不易。

良好的文化互動，有助於兩個群體破除因相互不了解所導致的誤

會，文化接觸與大量社會交流，會讓接觸的雙方彼此都降低歧視，對於兩岸的和平發展、穩定互動等，增加互利的基礎及幫助。因而本文將針對研究對象進行調查與訪問，試圖從中更加了解「文化接近性」與「文化認同」之間的關係，促進兩岸人民相互理解，有益於兩岸關係和平穩定的發展。

貳、章節安排

在章節安排方面本書的第一章為緒論。分別說明研究動機、研究目的、研究範圍與限制、研究途經、研究架構、研究方法與資料來源。

第二章為文獻回顧與理論探討。在文獻回顧部分，本書蒐集整理了閩南文化與兩岸交流、體驗式交流、兩岸交流歷程及發展變化、和文化交流等議題的文獻資料，希望在前人的研究基礎上，找尋本書研究的方向與意義。理論探討部分將以「文化接近性」及「文化認同」理論為主，透過這兩項理論，我們得知對於地方文化、語言等環境的熟識，較容易接受該地文化，其原因是較不會有陌生感以及不排斥。且透過深化兩岸交流，或說重拾過去兩岸民間良善的互動，所形成之價值互解，透過體驗式交流，對於透過閩南文化之影響，實屬可能之路徑，由兩岸人民的實際互動、體驗情境，才有可能消弭可能因政治經濟情勢的驟變所帶來之誤解。

第三章說明兩岸青年交流發展變化的情形。可分為陳水扁執政時期、馬英九執政時期及現今蔡英文執的階段，兩岸政策的演變，自然影響到兩岸交流。在兩岸當前的政治氛圍之下，兩岸的交流漸漸趨緩。然而本文從兩岸的文化出發，對於兩岸文化具有一種高度相似性，臺灣的文化亦是中華文化的延續與傳承，具有類似但不盡然相同的相似性本屬自然，並將文化的種類、認識方式、宣傳模式及其它層面予以分類後，

再帶到「體驗」。再透過「體驗」將參與者帶入「情境」，與「情境」互動並產生一定程度的共鳴，形成互動又交流的效果，藉以提高對大至中華文化、微觀至閩南文化的認同。從研究中我們得知，文化因由人類之行為產生，並經由一段時間的累積，形成一定之體系，文化有相同之處，亦有相異之處。

第四章為閩南文化下的體驗式交流，文化應是「一群人與眾不同的生活方式、生存的完整態樣」，因此文化是由後天學習的，文化是人類的「社會遺傳」，而非「自然遺傳」，透過地域來說，閩南文化是主要兩岸比較接近的文化，包含語言、習俗、宗教等等，以及彼此間的認同傳統、歷史、文化、記憶等，更會因差異的政治而改變，隨著媒體經驗而有所變化。我們得知，文化交流是一種概念，讓我們了解國別之間及地區範圍限制，並透過他進而了解世界史，文化交流的新視野變化，更可以說明在學術上發展的歷程，更以「他者」角度來看，從中獲取新發現及原因，更希望透過文獻回顧，了解閩南文化對於兩岸間的交流及合作，更可以增加文化認同及民族凝聚，更能藉由深入文化交流創造兩岸發展，推動兩岸和平發展貢獻及方向。

第五章將調查臺灣年輕人的文化認同，透過問卷調查法的方式，了解他們是否有在關注此議題，為何關注或關注之重點等，以及他們對於目前現況之看法，透過收集他們的想法，我們或許能夠得知臺灣目前的現狀，以及未來可能產生的現象，並將此數據記載下來，當作未來之參考依據。對於有無參與體驗式交流對於文化接近性認同有無，及其結果是否對於開啟兩岸發展的新途徑，並能透更加說明兩岸交流對臺灣年輕人文化認同影響。

第六章將對於論文進行整理及對於研究所的與方向，並提出兩岸未來與定位的看法，並且著重於論文中問卷及研究的結果，針對臺灣年輕人透過兩岸體驗交流，讓兩岸的青年更加了解彼此，不但對於兩岸共同

保存閩南文化的正面影響與益處，並透過體驗式交流，來探索兩岸文化交流發展的新途徑，促進兩岸人民相互理解，有益於兩岸和平穩定的發展。

參、研究價值及限制

一、研究價值

本書的研究價值主要在於就本書的研究課題來說，算是具有先探意味的研究，到目前為止，尚未有其他的同類研究出現。同時，本書的研究具有比較強的實用性，研究結果可供政策制定作為參考。

本書透過具有實證意涵的研究方法，基於文化接近性有助於文化交流的假設，探討採取體驗式交流的作為，是否真能促進臺灣年輕人的文化認同，增強「兩岸一家親」的感受，因而能為兩岸青年交流政策提供建言。採取文化接近性、體驗式交流、和文化認同作為設計兩岸青年交流活動的基本概念是大陸方面較為新穎的作法，雖然在理論邏輯上可以成立，但實際成效有待檢驗。

本書即是透過邀請曾經參加過閩南地區體驗式交流活動的臺灣年輕人，參加焦點團體座談並接受問卷調查，以獲得有關資料來檢驗本書的研究假設，即基於臺灣和閩南文化的接近性，透過參加閩南地區的體驗式交流活動，有助於促進臺灣年輕人對閩南文化的認識和認同，能增強他們對於「兩岸一家親」的感受。如果有關數據顯示本書研究假設的檢驗結果為較明顯之正相關，意味著體驗式交流活動值得進一步推廣，否則即需要對該項政策或活動內容的設計做調整。

從文獻檢索結果可知，以文化接近性來說明兩岸交流的論文較少，過去許多研究臺灣青年對大陸文化認同感相關文獻及成果，往往都針對單一或多個問題，在同一時間點進行研究分析。本書則針對某個議題或

某個研究對象，在經過一定時間發酵後進行追蹤研究，找到可能的影響因子及可能的因果關係，本文更透過雙重研究方法，把量化及質化兩種研究法交互運用，找出影響臺灣年輕人對大陸文化認同相關變項的因子。

透過「文化體驗」的成果，進而達到有目的性文化認同的建立，滿足兩岸「兩岸一家親」的真正內涵，也從研究方法與問卷調查中發現體驗式文化是一個正確的交流途徑。把口號與觀念落實到實際的參與，或社會接觸，讓文化交流可以接續，讓兩岸人民以文化中介更進一步理解，換言之這才是真正實際兩岸一家親的最佳途徑。在臺灣，有人會高喊客家文化復興、保存原住民文化，卻少有人留心在閩南文化正一點一滴的從生活中流失這一事情上，如要保留臺灣的閩南文化，或說是保留已經扎根於臺灣、已經擁有臺灣特色的閩南文化，則該傳統精髓不能消失，也必須取經於現在仍擁有精髓的地方，文化的認同是對於國家與民族重要的基礎，更是解決兩岸目前交流上的困境與突破。

文化交流是軟性的、互相理解的，甚為一種雙向且隱性的訊息交流。在兩岸受政治力影響而緊張情勢有所升高的情況下，如果能夠透過體驗式交流促進兩岸人民相互理解，乃至於願意為保存兩岸共享之傳統文化（即閩南文化）共同努力，多少可以減輕兩岸民間的敵意，成為避免兩岸政府政治對抗升高的緩衝，故認為從體驗交流法，探索兩岸文化交流發展的新途徑及有效緩和衝突的價值所在，因臺灣正失去閩南傳統文化，而這種傳統文化也是構築出臺灣傳統社會的秩序、道德之所在，少了閩南文化之於臺灣社會內部的道德性，於長期而言，不見得利於臺灣往後的文化發展，是故本書的價值宏觀來說，協助臺灣找到文化的接近性、且影響臺灣年輕人對於閩南文化的認同與影響，促進兩岸文化交流的新途徑。

二、研究限制

任何一個政策都必須有檢驗機制，大陸的「以文化人」的對臺政策是否合適臺灣年輕人？而邀請大量臺灣年輕人來閩南地區參與文化交流活動，或者親自感受閩南文化的接近，能否真正改變臺灣年輕人對大陸的態度？這正是本書研究重點之一。透過文化接近性的大量交流活動，利用文化資源善盡各種文化體驗，最後形成文化認同，這推論是否正確，這正是本書另一個研究重點。

（一）研究對象之限制

因受限於時間、物力、及人力等因素，本書僅以研究者所能接觸到的從事兩岸文化交流團體或個人為對象，僅能做部分事實的反映，以及因為新冠肺炎疫情影響無法進行較大規模的訪談工作，更無法前往閩南地區進行田野調查。若把訪談對象遇到的情況當成全面性的含括，則有武斷之嫌，故在結果推論與解釋，宜加審慎。承前之述，更難以據之作為通盤分析架構，並拋出一種近似於通說的結論。

（二）研究方法之限制

為了鑑別參加體驗式交流活動是否有助於促進文化認同，本書主要採用焦點團體訪談的方法蒐集資料，邀請實際參加過體驗式交流活動的臺灣年輕人，參加座談並接受問卷調查。此一研究方法雖然可以獲得較為深入的意見回應，但在樣本數和母體代表性上則有所不足，是本書在研究方法上較大的缺失。

第二章　文獻回顧與理論探討

第一節　文獻回顧

壹、閩南文化與兩岸交流

　　Kluckhohn 於 *Culture: A Critical Review of Concepts and Definitions* 中提到 100 多種針對文化的定義,[1]指出就人類文明史發展意義上,文化應是「一群人與眾不同的生活方式、生存的完整態樣」。這種指涉「特殊性」的生活方式,存於內在與外在的行為模式,文化藉由符號的傳承、使用等,體現於人類的文化產物,而文化的核心應該包括某些傳統觀念,例如道德、風俗、習俗等,又包括了價值概念,文化體系作為人類的產物,同時也是人類的內外在規範。由 Kluckhohn 所言,基本可以延伸出:

1. 文化共有性。不論文化以何種形式存在,都是由某一特定群體共有的存在且是能被某一特定群體遵守、服從或認同的共同標準,並在此一標準上,群體中的個人相互依存,成為生活與心理的基礎。

2. 文化是由後天學習的。文化是人類的「社會遺傳」,而非「自然遺傳」,文化必須透過「學習」,方能習得,透過後天文化環境的「濡化」(enculturation),個人才得學會滿足生理需求所需的社會形

---

[1]　Kroeber, A. L. & Kluckhohn, C, 1952. *Culture: A Critical Review of Concepts and Definitions*. Cambridge, Boston: Peabody Museum of Archaeology & Ethnology, Harvard University, pp.73-79.

式，而此社會形式才得以維持。又，所謂「濡化」，是指個人自幼開始、有意識或無意識的學習某種生活模式而成為其社會中的一分子的過程。有別於「涵化」（acculturation），是發生在同一文化內部的，縱向的傳播過程，是人及人的文化習得和傳承機制，本質意義是人的學習與教育。

3. 文化以符號作為載體。語言、宗教、藝術甚至貨幣上的圖騰等，皆為一種「符號」，換言之，非自然產生的人類行為之「結果」，在某種意義上都可為承載文化的象徵、符號。

4. 文化整合性。文化的各個「要素」各有其作用，會在一個整體關係當中，相互影響並發揮作用。

　　綜上所述，可以知道研究者歸納整理幾項文化的特質：

1. 文化是一種複合體（complex），意指特定群體的共同生活或行為模式，舉凡生活經驗、儀式、價值體系、符號、社會脈絡等。

2. 文化具有一種累積性，也有一種整體性。

3. 文化是特定群體的世界觀、價值觀，而此會反映在該群體的行為模式、生活方式。

4. 文化同時含括物質層面和精神層面。

　　然而，陳世昌引用 Robert Borosky 的說法強調，「企圖定義文化，就如同把風關進籠子一樣」[2]，意即文化本身不僅抽象，同時並非靜態而高度動態，試圖定義跟歸納文化變化的本質，以及定義文化具有相當之困難性，原因在於文化是傳承的，亦是不斷發展的，這是一種文化不停延伸與變化的過程，任何試圖「框住」文化的研究，都有可能淪為空泛或狹隘的分析研究。

---

[2]　陳世昌，《臺灣原住民文化產業與文化行銷之研究》（臺北：臺灣師範大學公民教育與活動領導系博士論文，2000 年），頁 24。

　　對於閩南文化的論述，劉登翰《論閩南文化——關於性質類型、型態、特徵的幾點辨識》[3]一文中提到，閩南文化大致上可以分成兩種類型。

1. 閩南文化主要以中原文化為主體，隨著移民社會關係南遷，中原移民大多為閩南社會主要的人口，更為建構社會基礎及主要的發展，然而不論是閩南文化或者中原文化皆為大陸文化。

2. 閩南文化就地理位置來說，以臨海地區為主要生活環境，且為大陸地區主要貿易及移民的必經，不論是貿易大港或者移民的遷出地。隨著臨海的地域關係，中原文化融入海洋文化，成為閩南文化。

　　楊國禎在《明清中國沿海與海外移民》中提到，「中華民族的行程經歷過農業部族和海洋部族爭勝融合的過程，中華古文明包含了向海洋發展的傳統。在以傳統文明為基礎的王朝體系形成以後，沿海地區仍然繼承了海洋發展的地方特色。在漢族中原移民開發南方的過程中，強盛的農業文明，吸收涵化了當地海洋發展的傳統，創造了北方傳統社會有所差異的文化形式。南中國沿海地區長期處於中央王朝權力控制的邊緣區，民間社會以海為田、經商異域的小傳統孕育了海洋經濟和海洋社會的基因。」[4]，說明閩南文化的豐富多元及特殊性。

　　兩岸關係經過不斷的變化及演進，如同施懿琳《閩南文化概論》所述，兩岸關係發展研究以文化交流、族系語言及宗族聚落背景狀況，及文學、戲劇、教育、宗教信仰、風俗習慣、飲食文化、工藝技術及建築特色等等。說明臺灣與大陸地區互動及流通具體。[5]如潘峰《兩岸同根同

3　劉登翰，《論閩南文化——關於性質類型、型態、特徵的幾點辨識》，陳益源主編，《2011成功大學閩南文化國際學術研討會論文集》(臺北：樂學書局，2013年07月)，頁83-84。

4　楊國禎，《明清中國沿海與海外移民》(北京：高等教育出版，1997年01月)，頁1。

5　施懿琳主編，《閩南文化概論》(臺北：五南圖書出版股份有限公司，2013年09月)，頁3。

源的文化展演研究：以臺灣民俗村和閩南緣博物館為例》一書，書中指出臺灣的「閩南文化」與大陸地區的「閩南文化」可能就本質來說，在文化同源沒有顯著的差異，舉閩南緣博物館和臺灣民俗村來說，前述兩者在兩岸關係的糾結中，將閩南地方的文化知識、建築、文物展示暨陳列關聯在一起，將相遙望的海峽兩岸牽在一起，其建築物、蒐藏品、研究與展示宣傳教育可以說是一種相揉合的思考方式[6]。因而兩岸間有著相同之處。

　　但由於兩岸經歷分治數十載，「閩」之於「臺」某種程度可能也有了「外」的成分；臺灣本身又由於特殊的歷史因素，臺灣的文化素有多元文化融合的影子，特別是歷經近代日本殖民的影響最深，故臺灣早已形成特有的「閩南文化」。然而因歷史的環境而有所改變，但以臺灣目前的經驗來看的話，移民社會的文化淵源、社會組織型態的轉型、海洋文化的移植這三個因素來說的話，臺灣與大陸地區的關係有著當地特有的文化與環境的結合，更呈現出多元的面貌。

　　綜上所述，閩南文化，就如同筆者〈探索兩岸發展新方法：體驗學習共同保存閩南文化〉一文的發現，就區域來說主要包括廈、漳、泉、臺灣與海外地區，以閩南方言為主的區域文化，它既是中國傳統文化重要組成部分，更富有鮮明的區域文化特色。閩南文化可說是一種特殊文化形成的標誌，其中包括：獨特的語言、獨特的風俗與共同的信仰。閩南文化具有上承下傳的雙重傳播性特徵，即主體文化由中原傳播而來，融合土著文化形成富有地方特色的閩南文化，爾後又通過移民臺灣傳播到臺灣及通過移居國外的華僑華人傳播到國外[7]。因此，藉由閩南文化的

---

[6]　潘峰，《兩岸同根同源的文化展演研究：以臺灣民俗村和閩南緣博物館為例》（臺北：崧博出版事業有限公司，2018 年），頁 137。

[7]　簡銘翔、陳建安，〈探索兩岸發展新方法：體驗學習共同保存閩南文化〉，《發展前瞻學報》，2019 年 9 月，第 25 期，頁 72。

特徵，彼此進行交流，可以使兩岸發展找到新途徑。

貳、體驗式交流

　　「體驗」若是從字面上解釋，即實際生活中的親身經歷，也可能是一種當事人的主觀感受、觀察等。Schmitt, B. H.在〈體驗行銷〉（Experiential Marketing）一文提到[8]，體驗是一種發生於某些刺激回應的個別事件，包含整個生活本質，並由事件的直接觀察或是參與造成，而體驗被視為複雜的、正萌芽的結構，明確的說，沒有兩個體驗是完全一樣的。

　　文化是一個民族產生和發展最穩定的因素，也是最重要的凝聚力。如何透過「文化人」的概念，對人們產生彼此的影響，正是本書想要找出的因果，以文化體驗交流為例，或許可以有效減少或降低臺灣青年對大陸認知負面的刻板印象。Powers 及 Ellison 等人的相關研究發現，[9]重複的社會接觸行為，的確可以減少個人偏見及族群偏見。

　　李文富認為，體驗是一種通過身體去與自我、他人及世界互動，而認知、理解、感悟、感動與反思內化的過程，[10]而這過程心智是基於身體經驗，意義是基於身體體驗的，思維也是基於身體經驗的。

　　體驗式交流其實是指個體透過體驗，進行交流學習而建構知識，跳脫傳統單向的知識傳遞，在情境中體驗，以獲得技能和提升自我價值之

---

[8]　Schmitt, B. H, 1999, "Experiential Marketing," *Journal of Marketing Management*, Vol .1 5, pp.53-67。

[9]　Daniel A. Powers & Christopher G. Ellison, "Interracial Contact and Black Racial Attitudes: The Contact Hypothesis and Selectivity Bias, "*Social Forces* ,Vol. 74 ,Issue 1 ,September 1995 , p. 205。

[10]　李文富，〈戶外教育的理論基礎〉，《戶外教育實施指引》，2015 年 10 月。〈https://www.naer.edu.tw/ezfiles/0/1000/img/67/107069369.pdf〉。上網檢視日期：2020 年 6 月 5 日。

過程。謝智謀在〈另類學習方式——體驗學習〉一文中，引用 Kraft 和 Sakofs 的論點[11]，認為體驗學習的過程必須包括下列要素：

1. 學習者在學習過程中是參與者而非旁觀者。
2. 學習活動中，個人動機需予以激發，表現主動學習、參與和責任感。
3. 學習活動以自然的結果方式呈現給學習者。
4. 學習者的反思（reflection）是學習過程的關鍵要素。
5. 情緒變化與學員及其隸屬群體之目前及未來有關聯。

　　意即，在體驗學習交流中，交流者是學習的主體，且具有相當之連續性、累積性，學習體驗會持續積累，進而在隸屬群體中產生一定之效果。

參、兩岸交流歷程及發展變化

　　一、兩岸交流歷程依邵宗海〈從兩岸關係的變遷探討兩岸關係的定位〉一文的說明，[12]兩岸文化及社會交流可自 1987 年算起，因臺灣於 1987 年 11 月 2 日始開放大陸探親，由此開啟兩岸民間文化暨社會交流的開端。

　　在後續演進上，有人將兩岸的文化交流劃分成 1987 至 1997 年、1997 至 2007 年、2008 年至 2016 年、以及 2016 年以後至今[13]：

1. 1987 年至 1997 年：在此階段，兩岸的交流以學術交流為主軸，大陸來臺訪問的人員當中，以學術界的教育文化交流為大宗，約有二分之

---

[11] 謝智謀，〈另類學習方式——體驗學習〉，〈http://www.scu.edu.tw/sw/course/community/3.pdf〉。上網檢視日期：2020 年 6 月 5 日。

[12] 邵宗海，〈從兩岸關係的變遷探討兩岸關係的定位〉，《遠景基金會季刊》，2003 年 10 月，第 4 卷第 4 期，頁 10。

[13] 呂思賢，《臺灣對大陸地區文化交流政策之研究》(高雄：中山大學政治學研究所碩士論文，2019 年)，頁 7-9。

一，其次是演藝人員，再者才是大眾傳播文化人士，最少的則為大陸學生以及宗教文化之人士。以交流人數總數來看，每年約有百分之三十的成長。

2. 1997 年至 2007 年：此一階段恰逢陳水扁執政，民進黨政府上任後，兩岸關係陷入僵局，漸趨敵對狀態。於此同時，中國的經濟快速成長，奇妙的是兩岸官方的僵持，卻不影響兩岸經貿及文化的交流，反而日漸熱絡，文教交流的人數於 2002 年達到高峰（25,238 人），2005 至 2007 年也有上看兩萬人。文化交流常被賦予「宣揚價值、爭取民心」的功能，兩岸了解文化學術交流等活動，也會帶來相對應的政治結果，雙方同時也都希望能夠爭取對方的文化菁英及知識分子的理解認同[14]。臺灣是試圖透過文化交流，使大陸地區的文化菁英及知識分子實際接觸臺灣的民主自由、多元社會，目的在促成中國的政治改革及對臺和平友好，更甚者是挑戰中國共產黨遲未民主化的正當性，迫其邁向民主化。

3. 2008 年至 2016：大陸人士來臺交流，大體可分類成文化交流、社會交流、經濟交流、觀光等。2008 年恰逢親中色彩較濃的馬英九總統執政，其上臺後著重於教育文化及媒體傳播文化交流，於法律面進行修法而放寬，在媒體方面增加開放大陸五家地方媒體來臺駐點採訪、放寬大陸媒體來臺駐點採訪的相關規定、擴大大陸地區大眾傳播專業人士能夠來臺參與電影戲劇之拍攝。而在教育文化方面，馬政府則是放寬跟延長陸生來臺修業期限，有限度的開放陸生來臺就讀、放寬大陸學歷之採認等。在馬政府時期，就如同侯尊堯於《從柔性權力理論看兩岸文教交流演變》提出，大陸人士來臺從事教育文化交流的核准人

---

[14] 陳仙妹，〈中共對臺文化交流之策略與做法〉，《展望與探索》，2008 年 10 月，第 10 期第 6 卷，頁 63。

數，有呈現快速上升的現象[15]。

4. 2016 年至今：2016 年 5 月 20 日，政黨輪替且民進黨籍的蔡英文上任。相較於前任的馬政府，蔡政府執政之下，兩岸交流似不若以往蓬勃，教育文化交流及各項兩岸交流大幅減少，表示兩岸的文化交流會隨著政府的更迭、兩岸政策及方針的不同，而有所變化。

二、另外，我們可以依政黨輪替情形將兩岸交流的發展變化分為陳水扁執政時期、馬英九執政時期及現今蔡英文執政時期，因為兩岸政策改變，自然影響到兩岸交流。在兩岸當前的政治氛圍之下，兩岸交流陷入低潮。

一、陳水扁執政時期

陳水扁曾針對兩岸關係提出「政治統合論」的說法，主張參考歐盟的統合模式，將歐盟模式用以作為建構兩岸關係架構的參考，強調歐盟在統合的過程中秉持的原則與精神價值，與陳水扁稱的主權、民主、和平、對等高度相關。陳水扁所言，對內是想證明其必將捍衛臺灣主權的決心，安撫臺灣人對主權消逝的擔憂[16]；對外若能使海峽對岸或國際間認為陳水扁提出的統合論，是想經由文化統合、經濟統合，進而達到更進一步政治統合，就可以舒緩海峽對岸的敵對，穩定兩岸關係。然而，事實卻未能說服對岸，改變大陸方面在東亞、亞洲乃至全球的戰略布局，臺灣面對的是大陸地區之經濟磁吸效應、外交封鎖、以及不放棄武力犯臺。

在陳水扁的兩岸文化交流政策方面，以統合論為主要的政策大方向，讓兩岸先透過文化統合，逐漸交流與建立兩岸間的信任，陳水扁端

---

[15] 侯尊堯，《從柔性權力理論看兩岸文教交流演變》(高雄：美日安保改定 50 週年與東亞安全問題，2010 年)，頁 102-104。

[16] 施正鋒，〈請問陳水扁總統，與中國統合的目的是什麼？〉，《共和國》，2006 年 1 月，第 46 期，頁 4。

出的具體政策是擴大兩岸的新聞交流，開放大陸地區媒體記者以輪替的方式來臺灣駐點採訪，另於 2003 年，開放大陸地區數類的雜誌、圖書等出版品入臺，兩岸的出版文化開始交流。

臺灣於 2000 年時開放大陸中央級媒體來臺，如《中央電視臺》、《新華社》、《人民日報》、《中央人民廣播電臺》、《中國新聞社》等可以派員駐點，定點方式進行訪問，並以一月為一輪，並於隔年二月（2001 年 2 月），正式開放大陸地區媒體記者來臺駐點採訪。過程仍有波折的是，臺灣方面由於認為大陸方面方報導不公，常只擷取統一相關之新聞播報，遂於 2004 年 4 月正式終止《人民日報》及《新華社》派員駐臺；就開放大陸地區的出版品方面，陳水扁政府時期未開放政治性的刊物發行，而是基於文化統合的理念，只開放自然動物生態、文化藝術、休閒娛樂、地理風光等四類。

總的來講，陳水扁時期雖然兩岸在政治關係上劍拔弩張，民間的交流、經貿的往來卻是逐漸增加，兩岸的軟性交流從未斷過，經貿往來甚而更加密切。

二、馬英九執政時期

馬英九於就職時，拋出「九二共識」，於政策上強調「維持現狀」、「擱置爭議」，經濟層面則希望「兩岸經貿關係正常化」、「擴大開放」、「加強交流合作」等，故遂有開放大量陸客來臺觀光、兩岸啟談有關之經貿協定（如 ECFA），大陸方面對馬英九不同於扁時期的兩岸政策，亦予以正面、善意回應，對於兩岸的交流有正面的幫助。

馬英九主張全面開放兩岸文化交流，包括支持臺灣各級學校與大陸同級學校交換交流，兩岸媒體相互駐點採訪，鼓勵民間團體主動與大陸進行交流。最重要的是，馬英九任內大力推動兩岸的教育文化交流，擴大兩岸的學術及教育文化交流，如限額開放陸生來臺就讀、漸進式的開

放採認大陸學歷、開放國內大學赴大陸學校開設在職專班等，於此同時也放寬大陸人士來臺參與電影及電視劇之製作、大陸媒體記者駐點規定，並於文化交流層面建立法規的保障，2010 年 6 月 29 日簽署「兩岸智慧財產權保護合作協議」、官方組織成立文化交流司等，再者則是兩岸簽署「兩岸經濟合作架構協議」（ECFA），涉及兩岸的文化交流，擴大兩岸文創產業的合作。

三、蔡英文執政時期

蔡英文的第一任期針對兩岸關係的論述，拋出的是「維持現狀」以及尊重「九二會談的歷史事實」，蔡英文在 2016 年 5 月 20 日的就職演說，如下：

「兩岸之間的對話與溝通，我們也將努力維持現有的機制。1992 年兩岸兩會秉持相互諒解、求同存異的政治思維，進行溝通協商，達成若干的共同認知與諒解，我尊重這個歷史事實。92 年之後，20 多年來雙方交流、協商所累積形成的現狀與成果，兩岸都應該共同珍惜與維護，並在這個既有的事實與政治基礎上，持續推動兩岸關係和平穩定發展；新政府會依據中華民國憲法、兩岸人民關係條例及其他相關法律，處理兩岸事務。兩岸的兩個執政黨應該要放下歷史包袱，展開良性對話，造福兩岸人民。

既有政治基礎包含幾個關鍵元素，第一，1992 年兩岸兩會會談的歷史事實與求同存異的共同認知，這是歷史事實；第二，中華民國現行憲政體制；第三，兩岸過去 20 多年來協商和交流互動的成果；第四，臺灣民主原則及普遍民意。」

幾經變化後，蔡英文不再談論九二共識，於 2016 年的雙十國慶談話，拋出「維持現狀」更積極的意義，是在深化民主機制的基礎上，以更前瞻積極的作為，推動兩岸建設性的交流與對話，進而建構可長可久

的兩岸和平穩定關係。兩岸應該共同珍惜與維護 1992 年之後、20 多年來雙方交流、協商所累積形成的現狀與成果，並在既有政治基礎上，持續推動兩岸關係和平穩定發展；以及「兩個正視」，正視中華民國存在的事實，正視臺灣人民對於民主制度的堅定信仰；兩岸之間應該要盡快坐下來談，只要有利於兩岸和平發展，有利於兩岸人民福祉，什麼都可以談。兩岸領導人應共同展現智慧和彈性，將兩岸帶回到理性、冷靜的態度，一起把兩岸現存的分歧帶向雙贏的未來。

　　其後，蔡英文對陸喊話越來越硬，如 2019 年元旦談話講「四個必須」，必須正視中華民國臺灣存在的事實；必須尊重兩千三百萬人民對自由民主的堅持；必須以和平對等的方式來處理我們之間的歧異；也必須是政府或政府所授權的公權力機構，坐下來談；2019 年 520 三周年提出「中華民國臺灣」；2020 年元旦談話重申四個必須，並提「四個認知」：

一、破壞臺海現狀的是中國，不是臺灣。所以，當中國逼迫我們的時候，我們必須一致對外。

二、中國利用「九二共識」，正在掏空中華民國。所以，我們必須更加堅定，捍衛國家主權。

三、不能以主權交換短期經濟利益。所以，我們必須要有一條底線，確保主權不受侵犯。

四、要警覺中國正全面滲透，分化臺灣社會。所以，我們必須把民主的防衛機制建立起來。

　　蔡英文於 2020 年元旦談話，又表示《反滲透法》的通過，不會影響自由、不會侵犯人權，不會影響正常經貿交流，它只會讓臺灣的民主自由更受保障；反滲透，不反交流。而蔡英文第二任期的520就職演說，對大陸地區稍稍放軟，僅強調過往所強調過的「和平、對等、民主、對話」，並重申反對「一國兩制」。

綜觀蔡英文上任後的兩岸政策談話，不難發現蔡英文對陸談話由軟至硬，甚至予營造出一種「兩岸已是敵對狀態」的臺灣內部氛圍。兩岸政策的演變，自然影響到兩岸交流。在兩岸當前的政治氛圍之下，兩岸的交流漸漸趨緩。

肆、文化交流

由於移民、旅遊業和全球性媒體的增加，具有不同文化和語言背景的人們現在比以往任何時候都接觸更多，跨文化交流的現象自然更加頻繁。"Theory and Practice of Intercultural Communication in Language Teacher Training and Translator Training"這篇文章探討了文化及語言聯繫的整體特徵，引起了學術界對「跨文化交流」（intercultural communication，ICC）的強烈興趣[17]。

Richard A. Rogers 於"From Cultural Exchange to Transculturation: A Review and Reconceptualization of Cultural Appropriation"一文中提出，「文化交流」（cultural exchange）算在「文化挪用」（cultural appropriation）的其中一類，文化交流涉及具有對稱力量的文化之間的符號，人工製品（artifacts）、體裁（genres）、儀式（rituals）或技術（technologies）的相互交換，例子包括語言單詞和短語的相互借用、對宗教信仰和習俗的相互影響，技術以及音樂和視覺藝術的雙向交流。在理想的形式下，文化交流涉及到這種相互交流的平衡，這種挪用通常是自願的，涉及的

---

[17] Marina A. Kulinich、Elena Yu. Makeeva、Ekaterina V. Savitskaya, "Theory and Practice of Intercultural Communication in Language Teacher Training and Translator Training", *Proceedings IFTE*, (Russia:2019), p.398。

「選擇」是個人或文化的[18]。

Marti Ann Reinfeld 於"Tourism and the politics of cultural preservation: A case study of Bhutan"中主張，旅遊業是一種特別強大的文化交流工具。通過遊客與接待者的互動，與世界其他地區相遇，形成文化交流或「文化接觸」（cultural contact）[19]。這部分可與後面篇幅談到的「體驗式交流」銜接上，旅遊業本質作為一種促進有關人員進入到某一個國家，體驗其相關的文化，舉凡飲食、語言、生活模式，乃至抽象的社會氛圍，都在體驗的對象之中。

Howard Goodman 及 Anthony Grafton 撰寫"Ricci, the Chinese, and the Toolkits of Textualists"[20]，談利瑪竇在中國的傳教活動與文化交流。此文當時以新穎的研究角度，引起相當多的關注及對於開啟文化交流的論點興起。就如同 Howard Goodman 及 Anthony Grafton 所述，人類的旅行、移動和開發新市場，主要是歷史上人類族群發展的指標，解若不是如此的流動，文化間將不會有接觸與交流。就如同陳慧宏於〈文化交流研究入門介紹〉[21]所提，人類的歷史，主要以無數的文化所組成。

Nicolas Standaert 的"Methodology in View of Contact Between Cultures：The China Case in the 17th Century"一文，從歷史學的視角針對文化交流的理論分析作說明。他認為，歷史，是一門「他者」的藝術，因為歷史學有特定的目標及要處理時空背景的架構，然而歷史所處理的部分他者與

---

[18] Richard A. Rogers, "From Cultural Exchange to Transculturation: A Review and Reconceptualization of Cultural Appropriation", *Communication Theory*, (Flagstaff :2006), p.474

[19] Marti Ann Reinfeld, "Tourism and the politics of cultural preservation: A case study of Bhutan", *Journal of Public and International Affairs*, (USA：2003), Volume 14, p2-3.

[20] Howard Goodman、Anhhony Grafton, "Ricci, the Chinese, and the Toolkits of Textualists", *Asia Major,* (USA：1991), Volume3, p.95-97

[21] 陳慧宏，〈文化交流研究入門介紹〉，《臺大東亞文化研究》，第 1 期，2013 年 06 月，頁 1。

他者間的性質，永遠是異於自己本身時空及地區。而在歷史這們學科中，人與文化相互的接觸，有著特殊的地位。[22]「歷史中的文化交流」具特殊和重要的意義，因而從歷史學的演變，更能顯現出文化交流研究在學術上重要的意義。

綜上所述，文化交流是一種概念，讓我們了解國別之間及地區範圍限制，並因此透過邊緣及中心可能的流動關係，對應於世界史的範疇。歷史學視角下文化交流的新視野變化，可以說明文化交流這個概念在學術上發展的歷程，透過「他者」角度，對於文化間自我和他者的關係有新的發現。就如同閩南文化一樣，黎昕於《閩南文化交流與合作研究》中提到，中華文化重要的組成部分地區範圍不僅福建南部泉州、漳州、廈門等地區，更擴展到臺灣及東南亞地區且閩南文化在兩岸文化交流中具有獨特的地位和突出的優勢。[23]近幾年來，福建地區主要以閩南文化為主要文化優勢，對於閩南文化豐富的內涵進行深入研究，並對於閩南文化大力的推動及宣傳。筆者希望透過文獻回顧，了解閩南文化對於兩岸間交流合作的作用，以及增強這種作用的適當政策和可行方法。

第二節　理論探討

壹、文化接近性理論

文化接近性（Cultural Proximity）是經常被用來研究跨國文化流動的概念之一，1993 年至 2019 年期間臺灣學術界有期刊論文 25 篇及共 70 本

---

[22] Nicolas Standaert, "Methodology in View of Contact Between Cultures: The China Case in the 17th Century", *CSRCS Occasional Paper*, (香港：2002)，p.1

[23] 黎昕，《閩南文化交流與合作研究》(北京：中國書籍出版社，2015 年 10 月)，頁 88。

碩博士論文將這個概念列入研究題目或關鍵詞進行討論。「文化接近
性」一詞大多使用在傳播學領域，在 Joseph D.Straubhaar 於 2009 年發表
《超越媒介帝國主義：不對稱交互依賴與文化接近性》[24]論文後，被廣泛
的應用。

表 1 臺灣「文化接近性」相關論文之期刊論文與學位數量

年份	期刊論文數量	學位論文數量
1993-2000	6	4
2001-2005	4	8
2006-2010	7	13
2011-2015	4	18
2016-2020	4	27
總計	25	70

資料來源：作者自整理。(2020 年搜尋至六月)

　　「文化接近性」此一概念認為，地方的閱聽眾（或可引申為文化的
接收眾）基於對本地文化、語言等環境的熟悉，較易傾向於接受與該文
化、語言、風俗習慣接近的事物——這通常是指電視節目。Straubhaar 認
為，閱聽人會主動選擇收視「國際的」（international）、「區域的」
（regional）、「國家的」（national）的電視節目，當前述之三種節目都
可以取得時，收視眾較傾向選擇區域與國家的節目，因人們傾向尋求自
己所「熟悉」的文化的電視節目。

　　針對文化接近性，Straubhaar 這樣描述：「雖然先前認為美國電視節
目因具有一種『萬國性』(cosmopolitan)，但觀眾仍偏愛那些和本身語

24　Straubhaar, Joseph D, 2009. "Beyond media imperialism: Asymmetrical interdependence and
　　cultural proximity", *Critical Studies in Mass Communication*, Vol. 8, pp. 35-59.

言、文化、歷史、宗教價值較為接近的電視節目，因這些節目更具文化鄰近性和能力。」，證明「文化接近性」在國際傳播過程中影響，以及全球化下的趨勢仍存在「區域化」現象。

「文化接近性」點出文化在類似或同源的前提下，更易有文化交流或相揉合的情況。由此就 Straubhaar 的理論而言，其認為文化一旦被移轉，便會變成移植方文化整體中「有機的一部分」，外來的文化因素增加，外來文化在此處則變成本土文化的有機構成。雜交的文化向原文化顯示出另外的論述文化的可能性，張軒豪進行的《本土化產業的全球化──以霹靂布袋戲為例》研究發現，在臺灣本土文化霹靂布袋戲邁向海外的過程中，本土的文化奇妙的具有外來特質，回過頭重作用於原文化，促成「逆向文化移轉」。在文化傳播交流的過程中，各種文化的成分相對比較各有不同，但人們總還是較為容易接受在語言和文化情境上更為接近的本土文化[25]。

前述和「文化接近性」有關的文獻中，大多數將「文化接近性」概念化，但實際上卻缺乏了針對概念形成脈絡的探討。直到魏玓於〈跨國文化流動的理論裝備檢查：拆解與修整「文化接近性」〉一文中所提，透過對於文化的批判與假設，對於「文化接近性」進行理論上不足及錯誤的部分進行解釋，探討與釐清概念的內涵與適用性，更進行知識上脈絡的延伸與探討[26]，來說明對於跨國文化流動相關研究與文化接近性帶來的重要與嶄新連結與重要的課題。

從「文化接近性」的視角切入，就地域來說，閩南文化是臺閩共同的文化根源，包含語言、習俗、宗教等等，其中有著兩岸人民彼此身體

---

[25] 張軒豪，《本土化產業的全球化──以霹靂布袋戲為例》（新竹：交通大學傳播研究所碩士論文，2004年），頁7。

[26] 魏玓，〈跨國文化流動的理論裝備檢查：拆解與修整「文化接近性」〉，《中華傳播學刊》，第31期，2017年06月，頁17。

上的印記，共有的傳統、歷史、文化、記憶等。不過，長期分治的結果，兩岸人民的文化認同難免會因為差異的政治而改變，更可能隨著媒體經驗而有所變化。從過去兩岸交流的經驗看來，兩岸的文化認同和民族認同不是固定不變的。認同往往因為生活經驗和歷史記憶「持續不斷的形成與轉變」而出現分歧。所以，如何基於臺灣和閩南文化接近性的特質，透過適當的文化交流活動規劃設計，增進臺灣年輕人對於臺灣和閩南文化關聯性的認識，提升「兩岸一家親」的文化乃至於民族認同，是作為兩岸關係和平發展新途徑值得探討的課題。

貳、文化認同與認同改變

一、文化認同

文化認同「Cultural Identity」主要是指個人對於自身文化特質或偏好屬於某個社會群體的認同感。文化認同是文化社會學的一個課題，與心理學也有密切相關。這種認同感的對象往往與國籍、民族、宗教、社會階層、世代、定居地方或者任何類型具有其獨特文化的社會群體有關。文化認同不但是個人的特徵，也是具有相同的文化認同或教養的人所組成的群體的特徵。[27]文化認同與民族認同相似並有重疊，但兩者意義並不相同。當一個人可以接納並且認同某個民族具有的文化，並不代表自身屬於某個民族。不過，因為海峽兩岸同文同種，文化認同和民族認同的重疊性較高，文化認同的增強應該有助於民族認同的提升。

人是情感的動物，有情就有感。情是先天的文化接近性；感是後天的文化體驗。所以，理論上或直覺上，我們可以藉著文化接近性作為基

[27]　Moha Ennaji, *Multilingualism, Cultural Identity, and Education in Morocco*, Springer Science & Business Media, 2005, pp.19-23.

礎，辦理體驗式交流活動，以增強文化認同乃至於民族認同。這是大陸方面會在福建，特別是閩南地區成立臺灣青年體驗式交流中心，邀請臺灣年輕人前往閩南地區參加體驗式文化交流活動的用意。不過，有如本書在研究目的一節中提到的，今天臺灣的年輕世代，主要成長在「去中國化」的教育環境中，再加上民進黨執政後，媒體不斷渲染「恐中」、「反中」的氛圍，在這種情況下，透過閩南地區的體驗式交流，是否真能增強參加過活動的臺灣青年對於臺灣和閩南文化連帶關係的認識，並因而提升「兩岸一家親」的文化認同，其實是一個需要經過實證研究來檢驗的課題。

文化是有生命的，不過它必須經由傳播向四周擴散，才能被稱為是有生命的文化。龐志龍提出，《文化認同：臺灣媽祖文化傳播與兩岸關係互動研究》文章中說明，根據文化傳播的理論，文化的傳播必須要有載體，而在現代社會中，大眾傳媒介入文化傳播完全改變了傳播的單向流通性質，它跨越了時空的限制，加快了文化傳播的速度，縮短了文化交流和更新的周期，並且打破了少數人對文化的壟斷，消除了普通人對文化的神秘感[28]。

「認同」，以社會層面來說：是個人以他人或其它團體的觀念、態度、行為模式，作為自己模仿、表同的對象，意即個人經由社會化歷程，歸屬、表同於某一領袖、族群、民族、政黨、國家……的心理歷程，因此有族群認同、政黨認同、國家認同等[29]，這是劉阿榮在〈全球在地化與文化認同——臺灣文化認同的轉化〉一文中對於文化認同提出的看法。

---

[28] 龐志龍，《文化認同：臺灣媽祖文化傳播與兩岸關係互動研究》(蘇州：蘇州大學鳳凰傳媒學院博士論文，2016 年)，頁 33。

[29] 劉阿榮，〈全球在地化與文化認同——臺灣文化認同的轉化〉，《全球文化在地研究》，2008 年 5 月，頁 123-129。

　　郭曉川於〈文化認同視域下的跨文化交際研究——以美國、歐洲(歐盟)為例〉一文中說明，文化理論家雷蒙・威廉斯（Raymond Williams）認為，人們的社會地位和認同是由其所處環境決定的，文化具有傳遞認同訊息的功能[30]。何平立提到，當一種文化遇到另一種文化時，首先遇到的就是「認同」問題，「認同」需要一個建構的過程。在現代社會，文化與認同常結合起來形成特定的文化認同，作為個人或群體界定自我、區分他者、加強彼此同一感、擁有共同文化內涵的群體標誌（符號）[31]。

　　交際（交流）又是指人們相互交換訊息、相互影響、共同建構意義與身份的過程。跨文化交際是指不同的文化群體以及不同的文化成員相互交換信息、相互溝通、共同建構意義與身份的過程。科里爾和托馬斯（Collier and Thomas）認為，跨文化交際是指認同於不同文化的交際者之間的交往[32]。交際者之間的認同是跨文化交際的主要符號，如果認同於各自文化的交際者以各自文化代言人的角色進行交流，這種交流即為跨文化交流。

　　蘭林友於〈論族群與族群認同理論〉，文化認同的構建過程，就是一個民族、一個族群、一個社會中，個體跨文化交際過程中所發生的思想與實踐的矛盾、衝突、相互和解甚至結合相互認同的過程。文化的認同主要是內部選擇，而非外力可以強加。外部的影響必然會起到客觀上影響的作用。對個體文化認同而言，就是其內心的選擇，每個人的個體文化感受，以及相應的個體的跨文化交際活動。它們集中起來後就變成集體文化認同，就會影響一個國家的主流文化價值觀。一旦上升到國家

---

[30]　郭曉川，《文化認同視域下的跨文化交際研究——以美國、歐洲(歐盟)為例》(上海：上海外國語大學英語語言文學博士論文，2012 年)，頁 8。

[31]　何平立，〈認同政治與政治認同——「第三條道路」與西方社會政治文化變遷〉，《江淮論壇》，2008 年，第 4 期，頁 51-57。

[32]　孫麗娟、時耀紅，〈淺析語碼轉換與跨文化交際能力的培養〉，《江西科技師範學院學報》，2008 年 12 月，第 6 期，頁 76。

文化認同，它們就成為主流人群的集體文化認同[33]。

　　喬曉華於《初任非滬籍教師對學校教師文化的認同研究——以滬松小學為例》碩士論文中提到，一個具有歷史連續性的文化共同體同時也是一個地緣、血緣共同體，它們將人的各種認同融合其中，避免了這些不同的認同之間因跨文化交際過程中出現的相異特性而發生的矛盾甚至衝突。文化的這種特性實際上使它嵌入了人的內在，對某種文化的否定，在心理上實際上已等同於對某個體和某共同體的存在價值的否定[34]。

　　以兩岸共通的媽祖文化為例，兩岸媽祖文化的傳播推廣和現代傳媒的創意表達極大說明了傳統文化與現代傳媒交融互動的效應。劉軼、張琰《中國新時期動漫產業與動漫營銷》一書中提到，文化創意一旦找到了一種最大影響力和最廣覆蓋面的傳播載體，就可以形成最具感染力和說服力的全方位話語權[35]。兩岸媽祖宗教信仰具有極為豐富的宗教故事、史詩神話和民間傳說，均是現代傳媒進行文化創意的絕佳資源和內容支撐。通過現代傳媒的創意表達賦予傳統文化以新的內涵，就有可能激發傳統文化的全新活力，構建具有區域特色的媽祖傳媒文化品牌。具體而言，現代傳媒對傳統文化的文化創意又可分為傳統文化的形式創意、內容創意和價值創意三個層面[36]，喻國明的〈渠道霸權時代的終結——兼論未來傳媒競爭的新趨勢〉文中提到，至少在兩岸交流對臺灣年輕人文化認同之影響方面，兩岸的媽祖信仰會是兩岸尋求共通處的共同點之一。

---

[33] 蘭林友，〈論族群與族群認同理論〉，《廣西民族學院學報：哲學社會科學版》，2003年5月，第3期，頁26。

[34] 喬曉華，《初任非滬籍教師對學校教師文化的認同研究——以滬松小學為例》（南京市：南京師範大學碩士論文，2008年），頁76。

[35] 劉軼、張琰，《中國新時期動漫產業與動漫營銷》（北京：中國戲劇出版社，2005年12月），頁104。

[36] 喻國明，〈渠道霸權時代的終結——兼論未來傳媒競爭的新趨勢〉，《中關村》，2005年01月，第1期，頁115。

　　同樣以媽祖文化為例，媽祖文化作為閩南傳統文化之一，說兩岸交流是從媽祖文化開始也不為過，媽祖文化成為了海峽兩岸文化交流的一個重要里程，文化交流不僅維繫著海峽兩岸之間的互動，也因為彼此互動的關係良好，而逐漸解開長達半個世紀以來兩岸之間的糾結，無可諱言海峽兩岸在長時間的阻絕之下，因為政治體制與經濟層面的不同，確實是有一些問題還是無法得到彼此的認同，若能以媽祖文化交流作為兩岸之間的潤滑劑，彼此建立互信，並且多一些互動的關係，未來也能夠有效的磨合彼此間政治上的歧見，同時也能夠有效的帶動兩岸經濟的發展[37]。

　　兩岸分治七十餘載，其間將近四十年未曾有過民間交流，形成心理與實際的文化隔閡在所難免，但臺灣方面的生活習慣等仍傳承自中國大陸，仍屬中華文化範疇之內，故兩岸的交流可能同時帶有一般的文化交流與跨不同文化的交流特色。

　　人們在物質生產生活過程中形成了文化。文化既包括了人們凝結在各種物質產品上的精神，也包括了人類精神活動的產品，泰勒在《原始文化》書中提到「知識、信仰、藝術、道德、法律、習俗和任何人作為一名社會成員而獲得的能力和習慣在內的複雜整體」[38]。鍾星星在《現代文化認同問題研究》論文中提到，文化是人類長期具體的、現實實踐的產物，是人們對物質生產實踐的直接反映。但文化又不僅僅是對現實的直接的反映，還是人們對現實的抽象性總結，反映了人們的理想和追求。因而，對文化的認同包含了雙重意義上的價值，一方面文化認同對人們的現實的生活具有一定的作用，另一方面對文化的認同還反映了人

---

[37] 龐志龍，《文化認同：臺灣媽祖文化傳播與兩岸關係互動研究》(蘇州：蘇州大學鳳凰傳媒學院博士論文，2016 年)，頁 77。

[38] Sir Edward Burnett Tylor，《原始文化》(桂林市：廣西師範大學出版社，2005 年 1 月)。

們的現實超越性,即對理想的追求[39]。

人類生活意義首先是現實生活意義,人類的生物性決定了人類生活首先只能是一種受外部環境和人自身條件制約的有限的現實生活。這種現實性不僅表現在人與自然的關係上,亦表現在人與人的關係上。文化是人們長期物質生產生活實踐的產物,首先就是為人們的現實生活服務。

其次,人們不滿於現實的局限性,一直在試圖擺脫現實世界的束縛,去追求無限的可能,於是就形成了文化認同的理想層次,也體現了人的精神追求。文化是自身本質力量的對象化所設定的具有至真至善至美取向的生存情態,亦是人對自身存在和發展的模式所希冀和憧憬的最高目標[40]。對文化的認同體現了人們對真、善、美和最高目標的理想追求,文化認同體現了人對現實的創造追求。

文化認同是人們對社會上存在的文化模式的接受、認可和實踐,人們根據文化認同構建自身的思想認識、價值觀念和理想信念,根據共同的思想認識、價值觀念和理想信念相互承認、相互合作進而結成群體以及確認群體之外的「他者」。在現實實踐中,是什麼造成了人們的文化認同?是共同的生活決定了人們的文化認同。共同的生活決定了人們共同的利益、共同的政治制度、共同的理想追求,而共同的利益、共同的政治制度、共同的理想追求又決定了人們的共同思想、價值和理想。總之,共同的活動造就人們共同的命運,決定了人們的文化認同[41]。

共同理想作為一個社會共同體全體成員共同的價值追求、價值取向和價值目標,是民族、國家的精神支柱,有了共同理想才會有強大的凝

---

[39] 鍾星星,《現代文化認同問題研究》(北京:中共中央黨校博士論文,2014 年),頁 50。

[40] 李金齊,〈文化理想、文化批判、文化創造與文化自覺〉,《思想戰線》,2009 年 01 月,第 1 期,頁 87。

[41] 鍾星星,《現代文化認同問題研究》(北京:中共中央黨校博士論文,2014 年),頁 55。

聚力和向心力，才能實現社會發展的共同目標。共同理想是凝聚人與社會共同體的精神樞紐，是社會共同文化價值觀念的重要體現，引導著社會公眾進行科學合理的價值判斷。

　　兩岸交流事實上也是在建構一種兩岸共同體對於共同的文化保存、價值追求的共同理想，兩岸保存閩南文化的目標一致，才有交流的可能。反之，若因各種因素，如政治、經濟、社會乃至更宏觀的國際因素，影響兩岸人民的認同，甚或上升至敵視彼此，遑論交流，以及更為深層的認同。是故，為了深化兩岸交流，或說重拾過去兩岸民間良性互動所形成之互信互諒，在閩南地區開展體驗式的文化交流，以增進「兩岸一家親」的文化認同感，應屬可以嘗試之路徑。

二、認同改變

　　文化就如同一個民族的根本，更是一個民族在世界的標誌或者印記，因而文化認同對於一個國家和民族是非常重要，文化包含文字、聲調、圖案、語言乃至於文學、繪畫等，皆可包含在文化的範疇當中。另一方面，文化同時指涉了同一歷史時期的遺跡與遺物的綜合體，同樣的工具、用具、製造技術等是同一種文化的特徵。自然的、自願的文化交流，而非文化殖民或侵略，其功能和成效，概括而言，主要有以下三者：

1. 促進瞭解彼此的文化，乃至尊重彼此的文化，包括相同與不同部分；
2. 吸收、學習對方優良或實用的文化，同時檢討、改進不良或不合時宜的文化；
3. 促進彼此文化融合與文化發展，發展出豐富、燦爛、多彩多姿的多元文化。

　　兩岸分治六十年以上，從臺灣解嚴、開放大陸探親之後開始，兩岸的交流逐漸頻繁，由此作為兩岸和平交流的開端，不再像過去隨時都有

可能劍拔弩張、武力衝突，取而代之的是和平往來。

2010 年時，在當時的臺灣地區領導人馬英九暨政府執政下，兩岸達成一定的共識並簽署 ECFA，除了旨在規範兩岸經貿事項之外，另有兩岸的文化交流以及擴大文創產業的合作之相關規範，深化兩岸文化上的交流亦是主要的工作。文化是人類活動、且成為彼此之間共同符號的符號化結構。

〈海峽兩岸文化認同的現實考量與因應政策〉一文中提到，[42]兩岸文化同文同種，但歷史原因及現實狀況下，兩岸文化有所差異，例如：兩岸文化的多元性差異、兩岸政治文化、兩岸不同的經濟社會發展造成文化差異……等等，兩岸分離在地理位置來看是既成的事實，而文化認同是實現兩岸和平往來的強大基礎，通過文化認同來加深臺灣與大陸文化歸屬及自豪感，進一步在情感上或者行動上促進文化認同改變，需以政治交流為目標，經貿交流往來為基礎，更要以文化交流與民間交流作為主要關鍵，消除「文化臺獨」造成的負面影響。

不過，這種文化認同可能也會因為時間、特定歷史事件介入、或國家政策的導引而改變。黃俊傑在《臺灣意識與臺灣文化》一書中指出，1980 年代中期以後，隨著臺灣民主化步伐的邁進，「臺灣意識」也在臺灣這塊土地上逐漸高漲。「臺灣意識」的核心關鍵在於「認同」（identity）問題，「認同」問題在臺灣具體而特殊的時空脈絡之中，具有其特殊的內涵及其複雜關係。所謂「臺灣意識」內涵複雜，至少包括兩個組成部分：「文化認同」與「政治認同」，兩者之間有其不可分割性，亦即「文化認同」與「政治認同」互為支援，不可分離；兩者之所以不可分割，乃是由於華人社會中的國家認同是透過歷史解釋而建構

42　陳文華，〈海峽兩岸文化認同的現實考量與因應政策〉，《福建江夏學院學報》，2017 年 12 月，第 6 期，頁 61-70。

的。[43]所以，從歷史解釋的視角切入，切割臺灣和中國大陸的連結，讓臺灣的歷史定位「去中國化」，成了臺獨人士大力推動的作為，並隨著獨派勢力在臺灣政壇崛起，逐漸在臺灣社會產生了巨大的影響力。從李登輝時期 1997 年在國中推出《認識臺灣》教材開始，到陳水扁時期推動帶有臺獨意涵的歷史課綱，「去中國化」的教育環境，逐漸改變了臺灣地區民眾尤其是年輕世代的文化和政治（國家）認同。

　　除了「去中國化」的教育環境長期性地影響臺灣地區民眾尤其是年輕世代的文化和政治認同之外，另外一個影響臺灣民眾認同傾向的重要因素是涉及兩岸關係的重大事件。圖 1 是政治大學選舉研究中心接受行政院大陸委員會委託，所進行旳臺灣民眾有關臺灣人/中國人認同意向調查的趨勢分佈圖，時間涵蓋了 1992 年 6 月至 2020 年 6 月的 28 年期間。

　　圖中的數據顯示，1994 年以前，「中國人認同」的比例還高於「臺灣人認同」，1995 年出現交叉，1996 年至 1999 年「臺灣人認同」領先「中國人認同」的比例明顯上升。2008 年「臺灣人認同」的比例開始超過「雙重認同（是臺灣人也是中國人）」的比例，然後在 2014 年達到兩者差距的第一波高峰。此後，到 2018 年之時，兩者差距曾經縮小，但是 2019 年和 2020 年兩者差距又快速擴大。

43　黃俊傑，《臺灣意識與臺灣文化》（臺北：臺大出版中心，2006 年 11 月），頁 148。

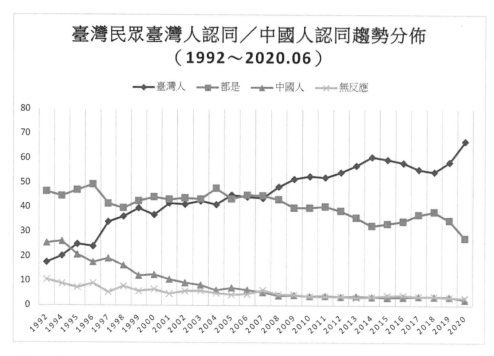

圖 2 臺灣民眾臺灣人/中國人認同趨勢分佈（1992 年 6 月至 2020 年 6 月）

資料來源：國立政治大學選舉研究中心

　　以上的變化起伏可以從涉及兩岸關係的歷史性事件來理解。1994 年 4 月李登輝接受日本作家司馬遼太郎的訪問，開始倡議「去中國化」的臺灣主體性或臺灣意識，使得中國大陸方面開始懷疑李登輝的兩岸立場；接著，李登輝於 1995 年 5 月赴美國參加其母校康乃爾大學的畢業典禮，引起海峽對岸不滿，導致 1995 年下半年至 1996 年 3 月臺灣總統選舉前的臺海飛彈危機；其後，李登輝又在 1999 年 7 月發表「兩國論」，致使臺灣海基會和大陸海協會的交流協商中斷。這些事件所造成的兩岸關緊張以及臺灣民眾對中共打壓的反彈，可以解釋 1995 年以後到 2000 年期間「臺灣人認同」的明顯上升和「中國人認同」的不斷下降。

　　陳水扁執政時期兩岸關係持續僵冷，但並未發生像臺海飛彈危機般的緊張情勢，「去中國化」教育的時延效應還未明顯出現，所以，「臺灣人認同」和「中國人認同」的差距雖然繼續擴大，但走勢相對平緩。2008 年馬英九繼任總統，兩岸關係趨於緩和，原本應該有利於翻轉不斷「獨化」的臺灣民眾認同走向。但受到「去中國化」教育影響的學生開始成年，「去中國化」教育的時延效應出現，所以，「臺灣人認同」繼續增長，進一步超越了「雙重認同」的比例。2014 年的太陽花運動讓兩岸敵對意識爆漲，掀起了「臺灣人認同」的第一波高峰。蔡英文執政表現不佳，使得「臺灣人認同」和「雙重認同」的差距縮小。韓國瑜掀起的政治旋風，則使得「臺灣人認同」和「雙重認同」的差距在 2018 年大幅拉近。但 2019 年 1 月 2 日習近平發表「《告臺灣同胞書》發表 40 週年紀念」講話；2019 年 3 月開始到 6 月大爆發的香港「反送中」運動；以及 2020 年 6 月 30 日香港開始實施《中華人民共和國香港特別行政區維護國家安全法》，則再度讓「臺灣人認同」大幅揚升，「雙重認同」明顯下降。

　　對於「臺灣人／中國人」認同與統獨立場的變化趨勢，吳乃德的研究指出，「認同」指的是將自己視為某一「群體」（group）的一份子，如「階級認同」、「性別認同」等。這些有關認同的社會現象，都是以具有某類特徵或特性的群體（種族、族群、階級、性別、政黨立場等）為對象，將自己視為該群體的一份子，並且因而認為自己和所屬的群體有共同的特性和利益，甚至共同的「命運」。也就是說，認同的對象是「群體」、是人所構成的群體；因為對某一群體的認同，個人認為他/她屬於該群體的一份子。可是「國家」卻是一個統治「權威」、政治權力「體制」。它不是一個我們可以歸屬、可以和它分享光榮和恥辱的「群體」。面對一個體制，一個人可能「支持」它、「效忠」它、或「抵制」它，卻不可能「認同」它。事實上，民族主義之理念的核心之一正

是：一群自認屬於相同「民族」（nation）的人，在政治上要求掌握一個獨立自主的「國家」（state）[44]。

　　Breuilly列出三個思想信條為民族主義下了一個廣被引用的簡潔而清楚的定義：[45]

1. 存在著一個具有明顯而性格特殊的群體（民族）；
2. 這個群體的利益和價值凌駕所有其它的利益和價值；
3. 這個群體必須具有充分的政治主權。

　　然而，由於中華民族和中華民國的特殊歷史經驗，民族和國家常被混淆（或混用），而又有可能因選舉之因素，與民主之類的詞相互結合，成為新的選舉話術。倘結合圖1一同檢視，不難發現臺灣的認同事實上自 1996 年即產生認同的變遷，該年恰好也是已故的李登輝前總統在其母校美國康乃爾大學發表「中華民國在臺灣」、「民之所欲，長在我心」的隔一年。易言之，是否有喚起臺灣人的本土意識、附著於中華文化的認同開始變遷為臺灣認同（含括族群、文化等），從調查來看或許可做如此聯想。

　　林瓊珠的觀察認為，個人在一生中的不同階段，可能會有多種不同的認同感或是對於團體的依附感，這些認同感或依附感是和不同「目標物」（objects）連結在一起，譬如宗教、族群。國家認同是群體認同的一種，是為一種較為長期穩定的認同。[46]針對國家認同的涵義，可以將之視為一個族群共享具有歷史的領土或家鄉，或共同的神話或歷史記憶、共同的大眾文化，所有成員有相同的法律權利或義務，以及共同的經濟

---

[44] 吳乃德，〈麵包與愛情：初探臺灣民眾民族認同的變動〉，《臺灣政治學刊》，2005 年 12 月，第二期，頁 5-39。

[45] Breuilly, John. *Nationalism and the State*. Chicago: The University of Chicago Press,1982, pp.1-422.

[46] 林瓊珠，〈穩定與變動：臺灣民眾的「臺灣人／中國人」認同與統獨立場之分析〉，《選舉研究期刊》，2012 年 5 月，第一期，頁 97-127。

領域。[47]如前所述，臺灣民眾認同變遷的大趨勢是 1996 年後「臺灣人認同」即呈上升趨勢，「雙重認同（我是臺灣人也是中國人）」為下降趨勢，「中國人認同」則一路探底。換言之，臺灣人的族群國家認同已經逐漸鄉土化，轉為所謂的地方影響族群認同（包含文化）。

對此，謝大寧有相互呼應的說法。2014 年太陽花學運發生後，謝大寧發現臺灣 18 至 30 歲之間的人口，有三分之二民眾不認為自己是中華民族一份子，面對這世代的年輕人，他提出了一個重要的問題，就是要如何以中華文化來建立臺灣年輕人的文化認同紐帶呢?[48]

就此而言，臺灣競爭力論壇學會從 2013 年開始至 2019 年期間進行的臺灣民眾國族認同的調查也許可以提供一些思考的線索。臺灣競爭力論壇學會的調查發現，當問卷題目提醒受訪者海峽兩岸人民具有共同的血緣及語言歷史文化的情況下，一直有 83.6% 以上的民眾認同自己是屬於中華民族一份子。

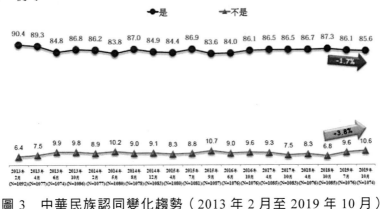

圖 3　中華民族認同變化趨勢（2013 年 2 月至 2019 年 10 月）

資料來源：2019 年臺灣民眾國族認同調查結果發佈記者會

---

[47] Smith, Anthony D. National Identity.and the Idea of European Unity, *Internation Affairs* ,1992, pp.55-76.

[48] 謝大寧，〈從反服貿學運看兩岸文化協議〉，《中國評論》，2014 年 6 月，第一九八期，頁 8-14。

當問卷設計提醒受訪者兩岸同根同源的事實後，再去詢問受訪者的國家認同傾向時，「中國人認同」的比例就大幅提高了。

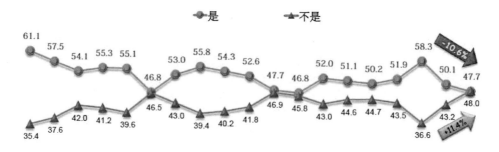

圖 4　中國人認同變化趨勢（2013 年 2 月至 2019 年 10 月）

資料來源：2019 年臺灣民眾國族認同調查結果發佈記者會

既然歷史文化同源的提醒有助於提高臺灣民眾的「中國人認同」，那麼，基於臺灣地區和閩南地區的文化接近性，鼓勵臺灣年輕人參加閩南地區的體驗式文化交流，是否也能夠增進參與者「兩岸一家親」的感受，甚至於進一步影響到其周遭親人或同儕朋友呢？這是本項研究想要回答的問題。

第三章　兩岸青年交流發展變化

　　自 2000 年到 2020 年的兩岸青年交流，隨著臺灣地區的執政政府更迭，大致上分為三大階段。2000-2008 年的陳水扁總統執政期，我方對於兩岸交流態度呈現漸進式改變，奠定主要法律框架的修正，官方邀集民間參與的交流活動還算熱絡。2008-2016 年馬英九總統執政時期，兩岸因為關係和解，交流活動升溫，尤其我方開放陸生來臺就讀，大陸方面大力建設交流平臺等作為，可稱為青年交流最好的時期。自 2016 年蔡英文總統執政後，兩岸關係急凍，進而影響青年交流，主要體現在我官方的消極態度，以及中共對臺青年優惠的力度加大以及策略調整靈活。

第一節　陳水扁時期(2000-2008)

　　2000 年陳水扁總統代表民進黨競選總統勝出，創下國府遷臺以來，首次的政黨輪替紀錄，然而，民進黨自 1991 年通過臺獨黨綱以來，主張臺灣獨立的旗幟鮮明，與中共意識形態有所衝突。2000 年民進黨上臺後，中共採取觀望態度，雖然兩岸在陳水扁總統執政時期陷入緊張，但是兩岸青年交流仍然持續。

　　綜觀陳水扁時期的兩岸青年交流，大體上呈現官方冷、民間暖的現象，雙方官方相互主導的青年交流較少，多為單邊官方活動邀集對方民間團體居多，而官方互相採取保守態度的同時，民間所帶動的青年交流並未因兩岸關係晦澀而有所停頓。

壹、修正兩岸交流的法律框架

由於兩岸情勢特殊，民眾互相交流的渠道與方式，在蔣經國總統開放大陸探親以及中共改革開放之後，才從早期封閉轉為有溝通與交流的管道。陳水扁政府執政時，正值世紀之交，我方前往大陸旅遊觀光、經商、求學等目的的民眾日益增多，大陸地區也因改革開放後邁入較好的發展，民眾收入與生活條件改善，來臺的條件與意願增加，因此，在陳水扁總統執政時期，立法院針對「臺灣地區與大陸地區人民關係條例」，分別在 2000 年 12 月、2002 年 4 月、2003 年 10 月、2006 年 6 月通過四次條文內容修正。

其中，影響兩岸青年交流較為深刻的修法主要為：首先，2000 年三讀通過的部分條文修正案，主要包含：放寬大陸地區人民來臺從事商務、觀光活動，以及凡在臺設有戶籍的大陸人民，得依法擔任大學教職、學術研究機構研究人員或社會教育機構專業人員。[1]

其次，2003 年 10 月三讀通過的修正內容也至關重要。其中第四條修正，訂下委託民間團體處理兩岸人民往來有關之事務，並且必要時得委託其代為簽署協議[2]：

「行政院得設立或指定機構，處理臺灣地區與大陸地區人民往來有關之事務。

行政院大陸委員會處理臺灣地區與大陸地區人民往來有關事務，得委託前項之機構或符合下列要件之民間團體為之：

---

[1]　大陸委員會，〈海峽兩岸關係紀要〉，<https://www.mac.gov.tw/News_Content.aspx?n=3D7C9BFC4F86BF4A&sms=CDA642B408087E65&s=8859E82FE02BF7C4#004>。上網檢視日期：2020 年 12 月 7 日。

[2]　立法院法律系統，〈臺灣地區與大陸地區人民關係條例，民國 92 年 10 月 9 日異動條文及理由〉，<https://lis.ly.gov.tw/lglawc/lawsingle?002D054C387A000000000000000001400000 0004FFFFFA00^01825092100900^00085001001>。上網檢視日期：2020 年 12 月 7 日。

一、設立時，政府捐助財產總額逾二分之一。

二、設立目的為處理臺灣地區與大陸地區人民往來有關事務，並以行政院大陸委員會為中央主管機關或目的事業主管機關。行政院大陸委員會或第四條之二第一項經行政院同意之各該主管機關，得依所處理事務之性質及需要，逐案委託前二項規定以外，具有公信力、專業能力及經驗之其他具公益性質之法人，協助處理臺灣地區與大陸地區人民往來有關之事務；必要時，並得委託其代為簽署協議。

　　第一項及第二項之機構或民間團體，經委託機關同意，得複委託前項之其他具公益性質之法人，協助處理臺灣地區與大陸地區人民往來有關之事務。」

　　除此之外，這次修法的第三十三條，提到「臺灣地區人民、法人、團體或其他機構，除法律另有規定外，得擔任大陸地區法人、團體或其他機構之職務或為其成員。臺灣地區人民、法人、團體或其他機構，不得擔任經行政院大陸委員會會商各該主管機關公告禁止之大陸地區黨務、軍事、行政或具政治性機關（構）、團體之職務或為其成員。」等規定，相當程度放寬臺灣民眾與對岸進行交流時所會遭遇到的限制。

　　另外，與青年最切身相關的教學單位交流活動的法定框架，在這次修法中也多有著墨，主要體現在第三十三條之三[3]：

　　「臺灣地區各級學校與大陸地區學校締結聯盟或為書面約定之合作行為，應先向教育部申報，於教育部受理其提出完整申報之日起三十日內，不得為該締結聯盟或書面約定之合作行為；教育部未於三十日內決定者，視為同意。

　　前項締結聯盟或書面約定之合作內容，不得違反法令規定或涉有政治性內容。

---

[3]　同前註。

本條例修正施行前，已從事第一項之行為，且於本條例修正施行後仍持續進行者，應自本條例修正施行之日起三個月內向主管機關申報；屆期未申報或申報未經同意者，以未經申報論。」

除了學術與教育交流外，此次修法也放寬大陸地區非營利等機構來臺設立辦事處等規定，增列第四十條之二規定：

「大陸地區之非營利法人、團體或其他機構，非經各該主管機關許可，不得在臺灣地區設立辦事處或分支機構，從事業務活動。

經許可在臺從事業務活動之大陸地區非營利法人、團體或其他機構，不得從事與許可範圍不符之活動。

第一項之許可範圍、許可條件、申請程序、申報事項、應備文件、審核方式、管理事項、限制及其他應遵行事項之辦法，由各該主管機關擬訂，報請行政院核定之。」

就整體法律框架來看，陳水扁時期雖然兩岸互信仍低，但是民眾交流的需求與日俱增，關係到兩岸交流的根本大法《臺灣地區與大陸地區人民關係條例》也在這個時期，根據陳水扁政府在 2000 年所訂下的「積極開放、有效管理」以及 2006 年的「積極管理、有效開放」，在立法院完成四次條文修正，對於日後關係青年交流的活動、組織、型態等，奠定了一定程度的法律基礎。

貳、主要活動型態

在陳水扁總統執政時期，組團互訪、研討會、大型論壇、寒暑令營等由官方與半官方主辦的軟性活動，當時兩岸青年主要的交流型態。

首先，組團互訪通常涉及到官方組織，且多會搭配研討會等配套行程，例如 2001 年 2 月，中共全國政協常委、全國青年聯合會主席巴音朝魯帶領「大陸傑出青年元宵訪問團」參加救國團中華青年交流協會於臺

北舉行的「新紀元新趨勢：兩岸傑出青年座談會」，隨行主要成員還包括中共國家文物局副局長董保華中國法官協會秘書長劉會生、全國青聯常委兼秘書長胡偉，國台辦交流局局長張啟勝等[4]；2002 年 6 月，北京清華大學公共管理學院訪問團由清大公共管理學院常務副院長田芊率領數位重要青年學者，抵臺訪問，期間與政治大學商學院、臺大國家發展研究所、兩岸共同市場基金會董事長蕭萬長、淡江大學大陸研究所等院校與重要人士進行交流座談[5]。

　　其次，大型論壇或是大型聯誼活動，是中共官方偏好的青年交流方式，例如從 2003 年開辦的「海峽青年論壇」即是針對兩岸四地青年所舉行的大型論壇性活動，以 2005 年在福建省福州舉辦的第三屆為例，當時聚集共 6 百多位華人青年與專家學者，參與海峽青年精英論壇、亞太青年商業領袖峰會、中國青年創業國際計畫（YBC）3 個分組論壇，經討論通過「海峽青年論壇青年創業宣言」，並簽署有關青少年交流與合作的備忘錄[6]；2006 年 4 月在上海市舉辦的「我們共同邁向世界」青年論壇，匯聚了 1,800 多名來自上海、香港、澳門和臺灣的青年，也屬於規模較為龐大的論壇活動[7]。

　　除了大型論壇，大型聯誼交流活動也屬常見，例如：2005 年 6 月，

---

[4]　大陸委員會，〈海峽兩岸關係紀要〉，<https://www.mac.gov.tw/News_Content.aspx?n=3D7C9BFC4F86BF4A&sms=CDA642B408087E65&s=32D9DA7591EA15F7#014>。上網檢視日期，2020 年 12 月 7 日。

[5]　大陸委員會，〈海峽兩岸關係紀要〉，<https://www.mac.gov.tw/News_Content.aspx?n=3D7C9BFC4F86BF4A&sms=CDA642B408087E65&s=8CEB2B5F5436B997#025>。上網檢視日期，2020 年 12 月 7 日。

[6]　大陸委員會，〈海峽兩岸關係紀要〉，<https://www.mac.gov.tw/News_Content.aspx?n=3D7C9BFC4F86BF4A&sms=CDA642B408087E65&s=AEC54CE1BB842CD0#008>。上網檢視日期，2020 年 12 月 7 日。

[7]　大陸委員會，〈海峽兩岸關係紀要〉，<https://www.mac.gov.tw/News_Content.aspx?n=3D7C9BFC4F86BF4A&sms=CDA642B408087E65&s=AEC54CE1BB842CD0#008>。上網檢視日期，2020 年 12 月 7 日。

山東省在濟南舉辦「2005 魯臺青年創業交流周」，邀集我方的中國青年創業協會所組成臺灣青年創業交流團，前往參加交流活動，與山東省、濟南市多位青年企業家進行訪談會、聯誼、參訪等交流活動[8]；2005 年 7 月，海峽兩岸共計 4 千多名大學生在北京人民大會堂參加，主題為舉行「牽手未來、牽手希望」的大型聯歡活動，其中包含來自臺灣121所大專院校的 2500 名學生與大陸 20 所大專院校 1500 名學生共同參與[9]；2006 年的首屆兩岸大學生領袖論壇，在北京人民大會堂舉行。來自兩岸 70 多所大學的近 200 名學生參加，針對「建立兩岸青年互動機制的意義及途徑」的主題，並以中華文化的傳承與發展、全球化下的兩岸經貿關係和兩岸關係的遠景展望等三個分議題，提出論文 93 篇，從不同角度、不同層面論述兩岸青年互動平臺的意義和內涵[10]。

　　暑期與寒假期間的各種軟性營隊與知性研習活動，也是兩岸雙方在陳水扁政府時期經常舉辦的青年交流活動，主要目的透過輕鬆的活動，加強雙方的認識與認同，例如：2002 年 8 月在臺北舉辦的吳大猷科學營生命科學探索之旅，即邀集兩岸三地共計 65 名大學生與研究生與會[11]；2004 年中共擴大舉辦臺灣學生北國風情冬令營，邀集臺灣各大學師生 2

---

[8]　大陸委員會，〈海峽兩岸關係紀要〉，<https://www.mac.gov.tw/News_Content.aspx?n=3D7 C9BFC4F86BF4A&sms=CDA642B408087E65&s=24F0ACFE428B49C1#010>。上網檢視日期，2020 年 12 月 7 日。

[9]　趙成儀，《現階段中共加強兩岸青年交流之分析，展望與探索》，2005 年，第 3 卷第 10 期，頁 16-18。

[10]　大陸委員會，〈海峽兩岸關係紀要〉，<https://www.mac.gov.tw/News_Content.aspx?n=3D7 C9BFC4F86BF4A&sms=CDA642B408087E65&s=5715464F025572FF#001>。上網檢視日期，2020 年 12 月 7 日。

[11]　大陸委員會，〈海峽兩岸關係紀要〉，<https://www.mac.gov.tw/News_Content.aspx?n=3D7 C9BFC4F86BF4A&sms=CDA642B408087E65&s=6357834932B83C83#010>。上網檢視日期，2020 年 12 月 7 日。

百餘人參與[12]；2005 年 7 月臺灣在大陸的「中華全國臺灣同胞聯誼會」主辦「2005 年臺胞青年千人夏令營」，邀請來自臺灣 113 所大學、香港、海外及在大陸求學的臺灣學生共 1123 人參加；同月，北京市官方舉辦「第六屆京臺青少年交流周」，邀集成功大學、元智大學、清華中學、明倫高中等 20 餘所大學與高中的 380 名師生參加為期一周的交流活動[13]；2006 年大陸全國臺聯主辦臺胞青年千人夏令營，計有我方 135 所大學的 1,248 名學生參加，主題活動有兩岸青年論壇、北京大學生活全體驗、參觀航天城、千人拓展運動、登長城大賽，以及參觀故宮、頤和園等古跡[14]。

　　簡言之，利用組團訪問、研討會、大型論壇、寒暑期營隊的活動方式，是陳水扁主政時期，兩岸青年交流常見的模式，活動主題多包涵文化、歷史、觀光，甚至科技與學術探討等面向，主要目的仍是透過交流活動，提升雙方的認同與認識，增加兩岸青年之間的友好。

參、各級學校合作交流

　　青年交流通常與教育息息相關，陳水扁主政時期，兩岸的學術與教育交流也進入一個較為突破的階段，前述所說 2003 年 10 月三讀通過的《臺灣地區與大陸地區人民關係條例》修正內容，奠定了兩岸學術合作與交流的法制基礎。不過，一般的學術與教育交流活動，要更早於此。

---

[12] 大陸委員會，〈海峽兩岸關係紀要〉，<https://www.mac.gov.tw/News_Content.aspx?n=3D7C9BFC4F86BF4A&sms=CDA642B408087E65&s=B10A30ECDDA3B93D#008>。上網檢視日期，2020 年 12 月 7 日。

[13] 大陸委員會，〈海峽兩岸關係紀要〉，<https://www.mac.gov.tw/News_Content.aspx?n=3D7C9BFC4F86BF4A&sms=CDA642B408087E65&s=AEC54CE1BB842CD0#008>。上網檢視日期，2020 年 12 月 7 日。

[14] 大陸委員會，〈海峽兩岸關係紀要〉，<https://www.mac.gov.tw/News_Content.aspx?n=3D7C9BFC4F86BF4A&sms=CDA642B408087E65&s=BD83162EA2048623#010>。上網檢視日期，2020 年 12 月 7 日。

值得一書的是，2003 年 9 月臺灣政治大學中山人文社會科學研究所在北京與北京大學國際關係學院簽訂定期學術交流合作協議，是兩岸高等學府間首次正式交流協議，內容包含互派學生與教授進行為期四個月的學習與講課，定期參訪團互訪，各類學術交流活動等。[15]

2003 年修正《臺灣地區與大陸地區人民關係條例》後，教育部針對兩岸高等教育交流召開 12 次審查會，截至 2004 年已有 54 所國內大學校院申報 311 件與大陸地區 129 所學校簽署之合作協議書，通過審查的協議書有 168 件；未通過需修正後再行申報之協議書有 132 件，原因包括：未以學校全銜簽署、協議書有相互承認學分、授予學位等違反有關法令規定內容。[16]

在兩岸學術與教育交流活動頻繁的氛圍下，當時臺灣內部不斷有提出開放陸生來臺就讀的看法，2004 年 7 月，時任陸委會主委的吳釗燮便釋放出陸委會正研擬開放大陸學生來臺就學政策的訊號[17]。2005 年 3 月，陸委會副主委邱太三再度釋出消息，說明陸委會和教育部當時正在研擬開放大陸學生來臺就讀學分班，自由貿易港區廠商與跨國企業雇用的大陸籍員工子女，亦可就近在臺求學，並且陸委會也打算進一步開放國內大專院校及研究所，赴大陸開設學分班，方便臺商或臺籍幹部就近在大

---

[15] 大陸委員會，〈海峽兩岸關係紀要〉，<https://www.mac.gov.tw/News_Content.aspx?n=3D7 C9BFC4F86BF4A&sms=CDA642B408087E65&s=5BD9411B71680621#003>。上網檢視日期，2020 年 12 月 7 日。

[16] 江仕德，〈各級學校與大陸地區學校締結聯盟或為書面約定之合作行為現況分析，大陸與兩岸情勢簡報〉，https://www.mac.gov.tw/News_Content.aspx?n=78702647C7A5B61B&sms =25D4C64CAEE1E128&s=D7B9F1DAF6192D32 上網檢視日期，2020 年 12 月 7 日。

[17] 大陸委員會，〈海峽兩岸關係紀要〉，<https://www.mac.gov.tw/News_Content.aspx?n=3D7 C9BFC4F86BF4A&sms=CDA642B408087E65&s=6238587B9CCFA6AE#017>。上網檢視日期，2020 年 12 月 7 日。

陸上課等深化兩岸教育整合的訊息[18]。

　　但是，陸生來臺就讀的政策當時並未付諸實踐，甚至陸委會態度轉而保守，2007 年第 3 屆國共「兩岸經貿文化論壇」以「直航、教育、旅遊觀光」為主題，其中觸及到開放大陸學生來臺就讀議題，引起陸委會高調表達保留態度，強調「需由政府相關部會通盤評估、審慎規劃。中國大陸學生來臺就讀雖有助臺灣部分大學的招生需要，亦可增加中國大陸年輕一代對臺灣社會民主、自由、多元的認識，但同時恐將衍生諸多問題（包括中國大陸學生申請進入臺灣之保證人、責任規範、生活照顧輔導、打工、保險、結社及後續衍生之定居、求職、結婚與非法居留及國家安全等），因此仍須由兩岸政府主管部門或公權力授權委託單位事先進行充分的溝通磋商、達成共識，並且各自訂定相關的配套管理法規，方能使得兩岸教育交流能井然有序地推動。」[19]

　　當臺灣方面仍堅持不開放陸生來臺就讀，中共在同時期採取逐步增加臺生赴陸就讀的名額以及鬆綁各項限制，例如：2003 年 5 月，中共教育部將廣東、福建原有對臺招生的四所大學（廣州暨南大學、福州華僑大學、福建師範大學、福建中醫學院）再增加五所，分別是廈門大學中醫系、集美大學、福州大學、福建農林大學、福建醫科大學，擴大招收臺灣學生的管道等措施[20]；2006 年大陸「普通高等院校聯合招收華僑、港澳臺地區學生考試」（以下簡稱「聯招考試」）共錄取港、澳、臺、

18　大陸委員會，〈海峽兩岸關係紀要〉，<https://www.mac.gov.tw/News_Content.aspx?n=3D7
　　C9BFC4F86BF4A&sms=CDA642B408087E65&s=7DF35490B9267167#020>。上網檢視日
　　期，2020 年 12 月 7 日。

19　大陸委員會，〈政府對國共「兩岸經貿文化論壇」之政策立場，大陸與兩岸情勢簡報〉，
　　<https://www.mac.gov.tw/News_Content.aspx?n=78702647C7A5B61B&sms=25D4C64CAEE1
　　E128&s=FF87AB3AC4507DE3>。上網檢視日期，2020 年 12 月 7 日。

20　大陸委員會，〈海峽兩岸關係紀要〉，<https://www.mac.gov.tw/News_Content.aspx?n=3D7
　　C9BFC4F86BF4A&sms=CDA642B408087E65&s=69EE7CEA8C7550BB#009>。上網檢視日
　　期，2020 年 12 月 7 日。

僑本預科學生 2,019 名。其中，臺灣學生報考 746 名，最終錄取 339 名，至 2006 年 8 月止，在大陸就讀的臺灣學生已達 4,842 名[21]。

特別是 2005 年連宋訪問大陸之後，大陸官方推出一系列吸引臺灣青年赴大陸就業或就學的措施，包含由國台辦宣布的對在大陸高等院校就讀的臺生學雜費比照大陸學生標準同等收費、針對臺灣大學生設立獎學金及放寬臺生在大陸就業限制等措施。[22]

肆、連胡會與宋胡會

陳水扁政府時期，兩岸關係獲得重大歷史進程並非為雙方官方所主導的交流活動，而是由政黨對政黨間的交流做了突破，其中以「2005 年中國國民黨和平之旅」最為關鍵。和平之旅中中國國民黨黨主席連戰與中國共產黨中央委員會總書記胡錦濤碰面會談，即所謂的「連胡會」，是國府遷臺後首次國共兩黨領導人面對面對話，深具歷史意義。

雙方在會談中達成共識，認為應該實際推行數項交流工作，包含：

「一、促進盡速恢復兩岸談判，共謀兩岸人民福祉。促進兩岸在九二共識的基礎上盡速恢復平等協商，就雙方共同關心和各自關心的問題進行討論，推進兩岸關係良性健康發展。

二、促進終止敵對狀態，達成和平協議。促進正式結束兩岸敵對狀態，達成和平協議，建構兩岸關係和平穩定發展的架構，包括建立軍事互信機制，避免兩岸軍事衝突。

---

[21] 大陸委員會，〈海峽兩岸關係紀要〉，<https://www.mac.gov.tw/News_Content.aspx?n=3D7 C9BFC4F86BF4A&sms=CDA642B408087E65&s=5715464F025572FF#001>上網檢視日期，2 020 年 12 月 7 日。

[22] 趙成儀，《現階段中共加強兩岸青年交流之分析，展望與探索》，2005 年，第 3 卷第 10 期，頁 16-18。

　　三、促進兩岸經濟全面交流，建立兩岸經濟合作機制。促進兩岸展開全面的經濟合作，建立密切的經貿合作關係，包括全面、直接、雙向三通，開放海空直航，加強投資與貿易的往來與保障，進行農漁業合作，解決臺灣農產品在大陸的銷售問題，改善交流秩序，共同打擊犯罪，進而建立穩定的經濟合作機制，並促進恢復兩岸協商後優先討論兩岸共同市場問題。

　　四、促進協商臺灣民眾關心的參與國際活動的問題。促進恢復兩岸協商之後，討論臺灣民眾關心的參與國際活動的問題，包括優先討論參與世界衛生組織活動的問題。雙方共同努力，創造條件，逐步尋求最終解決辦法。

　　五、建立黨對黨定期溝通平臺。建立兩黨定期溝通平臺，包括開展不同層級的黨務人員互訪，進行有關改善兩岸關係議題的研討，舉行有關兩岸同胞切身利益議題的磋商，邀請各界人士參加，組織商討密切兩岸交流的措施等。兩黨希望，這次訪問及會談的成果，有助於增進兩岸同胞的福祉，開闢兩岸關係新的前景，開創中華民族的未來。」[23]

　　從雙方達成的共識來看，連胡會為後續兩岸交流打下堅實的基礎，特別是建立黨對黨溝通平臺，透過第二軌方式，促進許多青年交流活動。

　　除了連胡會，同年親民黨黨主席宋楚瑜也率團與胡錦濤會面，當時稱為「搭橋之旅」，由於宋楚瑜所代表的身分除了親民黨黨主席外，當時陳水扁總統聲稱委託宋楚瑜帶口信給中共領導人，被外界認為多了一層信使的角色[24]。雖然宋胡會晚於連胡會，但是在兩岸交流上也達成數項共識，包含推動兩岸通航、促進兩岸直接貿易與通匯、推動兩岸貿易便

23　國家政策研究基金會，連胡會新聞公報，網址：https://www.npf.org.tw/5/19

24　張麟徵，2005，〈兩岸關係的春天已經來了嗎？評連宋大陸行的影響〉，《海峽評論》174 期，網址：https://www.haixia-info.com/articles/4271.html

利與自由化、加強兩岸農業合作、促進兩岸企業雙向直接投資、保護臺商投資權益、擴大兩岸民間交流，簡化臺胞出入境手續、大陸盡快實施臺灣學生與大陸學生同等收費標準、擴大兩岸人才交流，臺灣人在大陸就業限制等。[25]

　　雖然連胡會的歷史意義較為重要，但是無論是和平之旅或是搭橋之旅，兩者都為後來兩岸青年交流活動升溫，建立兩岸雙方共同的認識，提供良好共識基礎，例如 2015 年當時大陸當局國台辦主任張志軍在「連胡會」10 週年研討會上表示，2005 年「連胡會」所提的 5 項願景，僅剩「達成和平協議」還沒能如願。[26]

　　總體而言，陳水扁政府時期的兩岸青年交流，主要特色如同當時政府對於兩岸關係「積極開放、有效管理」以及後來「積極管理、有效開放」的定調相似，官方態度相當保守，修正的法律框架也多是回應當時整體變遷的需求，並未做出前瞻性的修正。同時，兩岸青年交流在該時期，主要體現在組團互訪、研討會、論壇、聯誼活動、寒暑期營隊等活動類型。兩岸各級學校也在該時期進入較為頻繁的交流，但是並非官方主導，仍是以各學校主動進行的交流活動，隨著兩岸關係人民條例的修正，合作深度也逐步增加。

第二節　馬英九時期(2008-2016)

　　兩岸關係在馬英九政府執政後，進入顯著改善期，兩岸青年交流也

[25]　央視國際，2005，胡錦濤與宋楚瑜會談公報，網址：http://www.cctv.com/taiwan/special/C13966/20050513/100113.shtml

[26]　《自由時報》，2015，〈「連胡會」10 週年　陳雲林：只差和平協議〉，網址：https://news.ltn.com.tw/news/politics/breakingnews/1298587

得以快速且蓬勃的發展，規模與人數迅速擴大、增多，層次和形式大為
提高、豐富，都達到前所未有程度，是 1949 年以來兩岸青年交流的最好
時期。[27]

壹、法規框架的修正

馬英九時期《臺灣地區與大陸地區人民關係條例》歷經 7 次修訂，其
中與兩岸青年交流最為關鍵的是 2010 年 8 月所修訂的版本，為開放陸生
來臺就學搭起制度化的法律框架，該內容修改在第二十二條[28]：

「在大陸地區接受教育之學歷，除屬醫療法所稱醫事人員相關之高
等學校學歷外，得予採認；其適用對象、採認原則、認定程序及其他應
遵行事項之辦法，由教育部擬訂，報請行政院核定之。

大陸地區人民非經許可在臺灣地區設有戶籍者，不得參加公務人員
考試、專門職業及技術人員考試之資格。

大陸地區人民經許可得來臺就學，其適用對象、申請程序、許可條
件、停留期間及其他應遵行事項之辦法，由教育部擬訂，報請行政院核
定之。」

依據此條條文修正，立法院也三讀通過《大學法》、《專科學校
法》的配套內容，禁止陸生修讀國家安全機密相關的系所或學位；教育
部在 2011 年亦相繼訂定出《大陸地區人民來臺就讀專科以上學校辦法》
詳細規定大陸地區學生來臺就讀二年制專科以上學校的相關作業規範，

27　陳曉曉，〈兩岸青年交流能突破困境嗎？〉，<http://www.huaxia-forum.org/?p=2223>上網
　　檢視日期，2020 年 12 月 8 日。

28　立法院法律系統，〈臺灣地區與大陸地區人民關係條例〉，<https://lis.ly.gov.tw/lglawc/la
　　wsingle?0045101182960000000000000000014000000004FFFFFD^01825099081900^0001B00
　　1001>上網檢視日期，2020 年 12 月 8 日。

以及修正《大陸地區學歷採認辦法》等規範調整。

　　雖然陸生來臺就讀已建立法源基礎，但是當時社會對於陸生來臺就讀一事仍有疑慮，因此根據所規範的法源依據，當時政府規劃出「漸進開放」的原則，制定出所謂的的「三限六不」政策，其規定與法源依據如下表所示。

表 2　三限六不政策內容與法源基礎

三限		
政策	內容	法源依據
限制採認的高等學校	僅認可學術聲望卓著、辦學品質績優的大陸地區高等學校	1. 臺灣地區與大陸地區人民關係條例第 22 條第 1 項 2. 大陸地區學歷採認辦法第 2 條第 6 款
限制來臺陸生總量	全國招收大陸地區學生總數將有所限制，以全國招生總量的 0.5-1%（約 1000-2000 名）為原則	1. 大學法第 25 條第 3 項 2. 專科學校法第 26 條第 3 項 3. 大陸地區人民來臺就讀專科以上學校辦法第 4 條
限制醫事學歷採認	限制大陸地區所有涉及我國醫事人員證照考試的學歷採認	1. 臺灣地區與大陸地區人民關係條例第 22 條第 1 項 2. 大陸地區學歷採認辦法第 8 條
六不		
政策	內容	法源依據
不加分優待	陸生來臺就學或考試，不給予加分優待	大陸地區人民來臺就讀專科以上學校辦法第 20 條第 2 項
不會影響國內招生名額	陸生來臺就學的管道將與國內學生有所區隔，採外加名額方式辦理，不影響國內學生升學機會	大陸地區人民來臺就讀專科以上學校辦法第 4 條第 1 項
不編列獎助學金	政府不編列預算作為陸生獎助學金	大陸地區人民來臺就讀專科以上學校辦法第 16 條第 3 項

不允許在學期間工作	陸生必須符合來臺就學目的，在學期間不得從事專職或兼職的工作	大陸地區人民來臺就讀專科以上學校辦法第 19 條
不會有在臺就業問題	陸生停止修業或畢業後不得續留臺灣	大陸地區人民來臺就讀專科以上學校辦法第 21 條第 1 項
不得報考公職人員考試	大陸地區人民依法不得報告我國「公務人員考試」與「專門職業及技術人員考試」	臺灣地區與大陸地區人民關係條例第 22 條第 2 項

資料來源：吳秀玲、王智盛，2013 年，陸生來臺政策之評估，國立臺灣大學公共政策與法律研究中心 101 年度研究計畫案，網址：http://www.cppl.ntu.edu.tw/research/2012research/10105white.pdf

　　除此之外，馬政府時期所開放的陸客自由行，也相當程度促進兩岸青年進行非正式的交流活動，2008 年 6 月 13 日兩岸簽署「海峽兩岸關於大陸居民赴臺灣旅遊協議」，並在同年 7 月正式開放中國大陸旅客來臺觀光；2011 年中國大陸相繼制定《大陸居民赴臺灣地區個人旅遊注意事項》、《大陸居民赴臺灣地區旅遊管理辦法》等，開啟臺灣自由行政策[29]；我方也要依據《臺灣地區與大陸地區人民關係條例》，針對自由行進行《大陸地區人民來臺從事觀光活動許可辦法》的規範鬆綁。

貳、對臺交流合作基地

　　在馬英九總統上臺後，大陸方面積極推動針對臺灣的大交流、大合作、大發展策略，其中以大陸中央到地方各地成立的對臺交流或合作基

[29] 國家旅遊局信息中心，〈大陸居民赴臺個人遊正式啟-首批 290 名遊客今抵臺，中華人民共和國國家旅遊局〉，<http://www.cnta.gov.cn/xxfb/jdxwnew2/201506/t20150625_460655.shtml>上網檢視日期，2020 年 12 月 8 日。

地，屬於重中之重，透過科技、文化、農業、經貿等面向，吸引臺灣人才與產業的合作。根據陸委會 2014 年的統計規劃，當時大陸地區設立的交流合作基地(見表 3)，可以分為兩大類型[30]：

一、海峽兩岸交流基地

以國台辦（或地方政府）為成立主體，2009 年底起陸續於部分省市設立「全國性」對臺工作重點地區——「海峽兩岸交流基地」。

基地主要服務與推廣內容，包括「對日抗戰歷史」、「宗教」、「族群」及「青少年交流」等領域；其設立目標多強調擴展兩岸交流深度與廣度，促進兩岸關係和平發展與「和平統一」，聯繫兩岸人民感情；並且會定期或不定期舉辦論壇、研討會等交流活動，以及推動文化產業、休閒旅遊產業等方面發展。

二、其他主題式交流基地

此類交流基地係除了國台辦主辦之外，針對不同領域或主題設立的交流基地，例如：大陸文化部根據「文化部關於加強對臺文化交流基地建設的通知」、「文化部關於加強新形勢下對臺文化工作的指導意見」等文件，於 2008 年在福建省永安設立「對臺文化交流基地」；大陸中央與地方政府陸續成立涵蓋科技、體育、文化、少數民族、財政（會計）、農業等各領域的交流基地，例如福建廈門「對臺科技合作與交流基地」。

此類基地多數為大陸單方面設立，少數為兩岸合作成立；多數為大陸地方政府申請、中央政府批准，或由中央政府設立，少數為地方政府自行成立；多數設於鄰近臺灣或沿海地區，發揮對臺交流合作優勢，例

---

[30] 大陸委員會，〈近年大陸成立對台交流合作基地概況，兩岸及大陸情勢簡報〉，<https://www.mac.gov.tw/News_Content.aspx?n=78702647C7A5B61B&sms=25D4C64CAEE1E128&s=3C5207E631F457B5>上網檢視日期，2020 年 12 月 8 日。

如福建、廣東、海南、山東等地。

　　此外，大陸地區根據「文化部關於加強對臺文化交流基地建設的通知」、「文化部關於加強新形勢下對臺文化工作的指導意見」、「文化部關於加強文化入島統籌規劃的通知」等文件，將福建、浙江、江蘇、河南、上海市及廈門市定位為「對臺文化交流基地」，這些地區的研究與高等教育單位也成為兩岸文化交流理論研究與推動的重鎮。

表3　2008-2011大陸主要對臺交流合作基地列表

成立時間	成立單位	基地名稱與地點	重點領域
2008-2010	文化部	對臺文化交流基地(廈門市、上海市、江蘇、浙江、福建與河南省)	文化交流
2009.08	科技部	對臺科技合作與交流基地(福建廈門市)	科技產業、花卉育種、生物醫學、海洋科技等。
2009.12	國台辦	山東省棗莊市臺兒莊「海峽兩岸交流基地」	抗戰歷史、經濟、文化、青少年教育等交流活動。
2010.01	國家體育總局、國台辦	對臺體育交流與合作基地(福建廈門)	體育領域(游泳、田徑、高爾夫、慢速壘球等)
2010.06	重慶市政府	重慶市「海峽兩岸交流基地」	抗戰歷史、經貿、文化、青少年教育等交流活動。
2010.08	國台辦、海南省臺辦	瓊臺少數民族交流基地(海南省保亭黎族苗族自治縣)	少數民族之互訪、省親、交流活動。
2010.11	國台辦	湖北省十堰市武	道教文化交流活動

成立時間	成立單位	基地名稱與地點	重點領域
		當山「海峽兩岸交流基地」	
2010.12	財政部	對臺會計合作與交流基地(福建廈門)	對臺會計合作與交流主要平臺
2011.03	中國農科院、福建省政府、農科院、臺灣21世紀基金會	國家對臺農業交流合作基地（福建廈門，內含在海峽現代農研院中）	農業科技領域(農業科研、食品加工、創意農業、精準園藝等)
2011.05	中國農學會葡萄分會、臺灣21世紀基金會、福建省農業廳、福建省農科院、福建省農學會	海峽兩岸葡萄科技合作基地（福建福安）	葡萄產業
2011.06	文化部	對臺文化交流研究基地（中國藝術研究院、北京大學臺灣研究院）；兩岸文化產業合作研究基地（上海交通大學）	文化產業
2011.06	國台辦	湄洲媽祖祖廟（福建莆田）「海峽兩岸交流基地」	媽祖文化交流
2011.06	國台辦	福建馬尾「海峽兩岸交流基地」	媽祖文化與歷史考察交流
2011.06	國台辦	福建青礁慈濟宮、白礁慈濟宮「海峽兩岸交流基地」	民間信仰交流

成立時間	成立單位	基地名稱與地點	重點領域
2011.06	國台辦	廣東梅州「海峽兩岸交流基地」	客家文化交流
2011.06	國台辦	湖南芷江「海峽兩岸交流基地」	飛虎隊、抗戰文化、歷史考察
2011.06	國台辦	山東威海「海峽兩岸交流基地」	歷史文化、旅遊等交流活動
2011.06	國台辦	中國閩南緣博物館（福建泉州，海峽兩岸交流基地）	青少年教育、歷史文化
2011.09	廣東省科技廳、省臺辦、廣東惠州	「粵臺科技合作與交流基地」、「粵臺石化合作基地」、「粵臺光電合作基地」（廣東惠州）	光電科技、石化產業、現代服務業、現代農業
2011.10	山東省臺辦	海峽兩岸書畫藝術交流基地（山東高唐）	兩岸書畫藝術交流

資料來源：大陸委員會，近年大陸成立對臺交流合作基地概況，兩岸及大陸情勢簡報，2012 年 3 月，網址：https://www.mac.gov.tw/News_Content.aspx?n=78702647C7A5B61B&sms=25D4C64CAEE1E128&s=3C5207E631F457B5

參、惠臺力度增加，福建成為交流重鎮

馬政府時期，兩岸青年交流的主要活動特徵仍不脫扁政府時代的組團互訪、研討會、大型論壇、寒暑期營隊、教育與學術合作等方式，例如：2010 年「沈春池文教基金會」和大陸「中華文化聯誼會」聯合在臺北舉辦的「把握契機‧開創新局－2010 年兩岸文化論壇」，即是高層級

官方帶動交流活動的典範之一。當時出席與會的兩岸重要人物包含，行政院前院長劉兆玄，時任文建會主委的盛治仁，大陸文化部部長、中華文化聯誼會名譽會長蔡武等一百五十多位學者、專家及相關部門首長、代表參加論壇[31]；2007 年 12 月，文化大學與福州大學、福建農林大學簽署締結姐妹學校合作意向書，雙方在教師互派、學生互派、教學科研交流、開展專業技術培訓等領域展開密切合作[32]。

　　除此之外，馬政府時期大陸地區對於兩岸青年活動較為顯著的是惠臺政策力度增加以及福建成為交流重鎮。在惠臺力度上，早在 2009 年當時大陸地區的國台辦主任王毅，即提出八大利多，包含推動大陸企業赴臺投資、擴大對臺產品採購、鼓勵和支持有條件的臺資企業拓展大陸市場並參與大陸擴大內需的基礎設施和重大工程建設、增加大陸居民赴臺旅遊、推動協商建立兩岸經濟合作機制、進一步向臺灣居民開放專業技術人員資格考試項目、加強兩岸農業合作平臺建設、許可臺灣地區律師事務所在福州、廈門兩地試點設立分支機構，從事涉臺民事法律諮詢服務等[33]。

　　隨著馬政府上臺，兩岸關係和緩，福建沿海局勢轉為穩定，加上地緣鄰近，中共也將福建地區規劃成對臺交流的重鎮之一。例如，在 2008 年兩會期間，做出決議，突顯福建對臺獨特工作地位，制頒與「海西」基礎建設、福建對臺交流的支持措施，提出「讓『海西』成為對臺先行先試的實驗區的建議」、「將『海西』列入全國主體功能區重點開發區

---

[31] 蔡國裕，〈從「兩岸文化論壇」探討兩岸文化交流〉，《展望與探索》，2010 年 10 月，第 10 期，頁 17-23。

[32] 陸委會，〈海峽兩岸關係紀要〉，<https://www.mac.gov.tw/News_Content.aspx?n=3D7C9BFC4F86BF4A&sms=CDA642B408087E65&s=CE963A3254FF9C22#001>上網檢視日期，2020 年 12 月 8 日。

[33] 中國評論新聞網，〈大陸惠台八大利多　馬英九：當然歡迎〉，<http://hk.crntt.com/doc/1009/7/3/2/100973258.html?coluid=7&kindid=0&docid=100973258>上網檢視日期，2020 年 12 月 8 日

域」、「將『海西區』作為『大中華經濟共同體試驗區』」等提案[34]；前述的兩岸交流基地，也以福建省居多，可見中共規劃的重心所在。

肆、開放陸生來臺就讀

開放陸生來臺就讀是馬政府時期最為重要的，關乎青年交流的政策措施，自 2010 年修訂《臺灣地區與大陸地區人民關係條例》開放大陸學生來臺就讀以來，2011 年起開始招收大陸地區新生，就讀人數逐年成長，到了 2016 年研修生加學位生的數量已經達到 41,975 名，人數可觀，對於兩岸青年相互認識有不小程度的提升。

表 4　陸生來臺就讀統計

年度	研修生(註 1)	學位生(100 年起招生)		合計 (研修生+學位生在學數)
		招生數(僅新生)	在學數(含舊生)	
100	11,227	928	928	12,155
101	15,590	951	1,864	17,454
102	21,233	1,822	3,554	24,787
103	27,030	2,553	5,881	32,911
104	34,114	3,019	7,813	41,927
105	32,648	2,835	9,327	41,975

---

[34] 陸委會，〈中共「兩會」對臺言論簡析，大陸與兩岸情勢簡報〉，<https://www.mac.gov.tw/News_Content.aspx?n=78702647C7A5B61B&sms=25D4C64CAEE1E128&s=

106	25,824	2,139	9,462	35,286
107	20,597	2,140	9,006	29,603
108	16,696	2,259	8,353	25,049
總計	204,959	18,646	—— (註 2)	—— (註 2)

資料來源：陸委會陸生來臺研修及修讀學位統計(https://www.mac.gov.tw/cp.aspx?n=A3C17A7A26BAB048)

註 1：教育部 100-104 年研修生採用「許可數」，105 年起採「入境數」列計。

註 2：因歷年學位生在學數係採累計數，為避免重複累計，故無加總計算。

伍、馬習會

　　2015 年 11 月 7 日海峽兩岸領導人馬英九與習近平，於新加坡香格里拉大酒店舉行會談，即所謂的「馬習會」，是馬政府時期兩岸關係最為重要的歷史事件。會談中，雙方達成對於「九二共識」的再確認。馬總統提出「5 點建議」，包括鞏固「九二共識」，降低雙方敵對狀態，擴大兩岸交流，設置兩岸熱線，兩岸共同合作振興中華等。[35]其中擴大兩岸交流部分，在閉門會議時，習近平提到兩岸學術與教育交流時，馬總統建議兩岸應擴大「專升本」合作，即高職高專學生進入大學(本科)就讀，希望大陸方面能配合放寬名額與機會，讓更多大陸學生可以到臺灣的各個科技大學就讀，如此可以滿足至少上百萬學生的需求。[36]

　　回顧當時馬習會所達成之共識與建議，後續若能落實，對於兩岸青年交流將有重大的突破意義，不僅能加深兩岸青年更多的接觸，也能逐

---

[35] 陸委會，馬總統正式會談談話全文，2015，網址：https://www.mac.gov.tw/News_Content.aspx?n=5F039A26C933BF5C&sms=B69F3267D6C0F22D&s=E4AEBF1D825A7AA2

[36] 同前註。

步改善全臺各大學學生缺額的窘況，亦能透過「專升本」解決大陸眾多升學需求，達到雙方互利。可惜，隨著 2016 年政黨輪替，馬習會所談成之各項共識無法持續推動。

馬英九政府時期歷經兩岸青年交流最友善且熱絡的階段，由於兩岸關係和緩，各類傳統式的組團互訪、研討會、學術合作、論壇、研習營隊等活動，仍持續相當踴躍的熱度。馬政府時期最值得一書的兩岸青年交流模式，可以分為兩大塊，首先是我方經歷長期爭論下，終於開放陸生來臺就讀，讓兩岸青年有更深入與直接交換意見與認識的契機；其次，大陸方面在友善的兩岸氛圍下，提出許多有利的優惠臺灣青年的政策，例如廣設交流平臺。可以說，馬政府時期，是兩岸官方對官方、民間對民間，最為積極推動青年交流的時刻。

第三節　蔡英文時期(2016-至今)

2016 年蔡英文總統上臺後，兩岸關係急凍，在 2016 年 5 月 20 日就職演說中，蔡英文總統沒有使用「九二共識」，而只提到了「九二會談」，中國大陸則對此次演講內容解讀為，「在兩岸同胞最關切的兩岸關係性質這一根本問題上採取模糊態度，沒有明確承認『九二共識』和認同其核心意涵」。[37]

自此兩岸關係從暖轉冷，北京方面進入觀察模式，雖然民間交流在蔡英文執政初期並未有顯著阻礙，甚至臺灣學生赴大陸就讀的人數仍持續增加，但是由於兩岸關係日益緊張，尤其是 2019 年後隨著香港反送

---

[37] BBC，〈分析：撥開「九二共識」與「九二會談」的迷霧〉，<https://www.bbc.com/zhongwen/trad/taiwan_letters/2016/05/160521_china_taiwan_92_analysis>上網檢視日期，2020 年 12 月 8 日

中、中美貿易戰、臺灣反中情緒受到挑撥，兩岸逐漸進入對峙狀態，例如解放軍軍機繞臺、我國加大對陸資投資臺灣的限制等，兩岸青年交流雖仍有所活動，但是潛在阻礙已現。

壹、兩岸關係冷卻中共惠臺加大力度

2016 年蔡英文總統當選後，中共在其陸「兩會」期間，反而由全國政協主席俞正聲正式提出要「開展面向臺灣青少年的體驗式交流」，之後「體驗式交流」成為大陸對臺青年工作的新重點，再結合「千人計畫」、「百人計畫」、「雙百計畫」、「大眾創業、萬眾創新」與福建自貿區等重大經貿政策與法規鬆綁，中共在蔡政府上臺後，反而在兩岸青年交流策略上持續推陳出新，甚至加大力度。由於中共策略的轉變，兩岸青年交流模式更趨多元，除了陳水扁與馬英九時期已經時常舉辦的論壇對話、旅遊參訪、冬夏令營、研討會、交換學生等活動，新的體驗式交流也開始注重，例如競賽、創業及就業實習等活動[38]。

兩岸青年交流在蔡英文主政時期，逐漸由雙方互有來往傾向至中共單方加強力道的方向前進。其中以中共在 2018 年推出的「惠臺 31 條」以及 2019 年加碼的「26 條措施」最為顯著。其中關係到臺灣青年的措施內容，涵蓋就業、創業、科研、活動等幾大方向，整理內容詳見下表。

---

[38] 黃奕維，〈中國大陸對台青年學生工作成效影響因素分析〉，《展望與探索》，第 15 卷，2017 年 3 月，第 3 期，頁 70~94。

表 5　2018 年惠臺 31 條中與臺灣青年權益相關之規定列表

2018 年惠臺 31 條中與臺灣青年權益相關之規定列表
• 臺灣同胞可報名參加 53 項專業技術人員職業資格考試和 81 項技能人員職業資格考試 (《向臺灣居民開放的國家職業資格考試目錄》附後,具體執業辦法由有關部門另行製定)。
• 臺灣專業人才可申請參與國家「千人計劃」。在大陸工作的臺灣專業人才,可申請參與國家「萬人計劃」。
• 臺灣同胞可申報國家自然科學基金、國家社會科學基金、國家傑出青年科學基金、國家藝術基金等各類基金項目。具體辦法由相關主管部門製定。
• 鼓勵臺灣同胞參與中華經典誦讀工程、文化遺產保護工程、非物質文化遺產傳承發展工程等中華優秀傳統文化傳承發展工程。支持臺灣文化藝術界團體和人士參與大陸在海外舉辦的感知中國、中國文化年 (節)、歡樂春節等品牌活動,參加「中華文化走出去」計劃。符合條件的兩岸文化項目可納入海外中國文化中心項目資源庫。
• 支持中華慈善獎、梅花獎、金鷹獎等經濟科技文化社會領域各類評獎項目提名涵蓋臺灣地區。在大陸工作的臺灣同胞可參加當地勞動模範、「五一」勞動獎章、技術能手、「三八」紅旗手等榮譽稱號評選。
• 臺灣人士參與大陸廣播電視節目和電影、電視劇製作可不受數量限制。
• 大陸電影發行機構、廣播電視臺、視聽網站和有線電視網引進臺灣生產的電影、電視劇不做數量限制。
• 放寬兩岸合拍電影、電視劇在主創人員比例、大陸元素、投資比例等方面的限制;取消收取兩岸電影合拍立項申報費用;縮短兩岸電視劇合拍立項階段故事梗概的審批時限。

- 對臺灣圖書進口業務建立綠色通道，簡化進口審批流程。同時段進口的臺灣圖書可優先辦理相關手續。
- 鼓勵臺灣同胞加入大陸經濟、科技、文化、藝術類專業性社團組織、行業協會，參加相關活動。
- 支持鼓勵兩岸教育文化科研機構開展中國文化、歷史、民族等領域研究和成果應用。
- 臺灣地區從事兩岸民間交流的機構可申請兩岸交流基金項目。
- 鼓勵臺灣同胞和相關社團參與大陸扶貧、支教、公益、社區建設等基層工作。
- 在大陸高校就讀臨床醫學專業碩士學位的臺灣學生，在參加研究生學習一年後，可按照大陸醫師資格考試報名的相關規定申請參加考試。
- 取得大陸醫師資格證書的臺灣同胞，可按照相關規定在大陸申請執業註冊。
- 符合條件的臺灣醫師，可通過認定方式獲得大陸醫師資格。符合條件的臺灣醫師，可按照相關規定在大陸申請註冊短期行醫，期滿後可重新辦理註冊手續。
- 在臺灣已獲取相應資格的臺灣同胞在大陸申請證券、期貨、基金從業資格時，只需通過大陸法律法規考試，無需參加專業知識考試。
- 鼓勵臺灣教師來大陸高校任教，其在臺灣取得的學術成果可納入工作評價體系。
- 為方便臺灣同胞在大陸應聘工作，推動各類人事人才網站和企業線上招聘做好系統升級，支持使用臺胞證註冊登錄。

資料來源：中共中央臺辦，關於印發《關於促進兩岸經濟文化交流合作的若干措施》的通知，2018 年 2 月 28 日，網址：http://www.gwytb.gov.cn/wyly/201802/t20180228_11928139.htm

表 6　2019 年 26 條措施中與臺灣青年權益相關之規定列表

2019 年 26 條措施中與臺灣青年權益相關之規定列表
• 臺灣同胞可在中華人民共和國駐外使領館尋求領事保護與協助，申請旅行證件。
• 臺灣同胞可申請成為農民專業合作社成員，可申請符合條件的農業基本建設項目和財政項目。
• 臺灣同胞可同等使用交通運輸新業態企業提供的交通出行等產品。
• 試點在福建對持臺灣居民居住證的臺胞使用大陸移動電話業務給予資費優惠。
• 持臺灣居民居住證的臺灣同胞在購房資格方面與大陸居民享受同等待遇。
• 臺灣文創機構、單位或個人可參與大陸文創園區建設營運、參加大陸各類文創賽事、文藝展演展示活動。臺灣文藝工作者可進入大陸文藝院團、研究機構工作或研學。
• 在大陸工作的臺灣同胞可申報中國文化藝術政府獎動漫獎。
• 在大陸高校、科研機構、公立醫院、高科技企業從事專業技術工作的臺灣同胞，符合條件的可同等參加相應系列、級別職稱評審，其在臺灣地區參與的項目、取得的成果等同等視為專業工作業績，在臺灣地區從事技術工作的年限同等視為專業技術工作年限。
• 臺商子女高中畢業後，在大陸獲得高中、中等職業學校畢業證書可以在大陸參加相關高職院校分類招考。
• 進一步擴大招收臺灣學生的院校範圍，提高中西部院校和非部屬院校比例。
• 臺灣學生可持臺灣居民居住證按照有關規定向所在大陸高校同等申請享受各類資助政策。在大陸高校任教、就讀的臺灣教師和學生可

持臺灣居民居住證同等申請公派留學資格。

- 歡迎臺灣運動員來大陸參加全國性體育比賽和職業聯賽，積極為臺灣運動員、教練員、專業人員來大陸考察、訓練、參賽、工作、交流等提供便利條件，為臺灣運動員備戰 2022 年北京冬奧會和杭州亞運會提供協助。

- 臺灣運動員可以內援身份參加大陸足球、籃球、乒乓球、圍棋等職業聯賽，符合條件的臺灣體育團隊、俱樂部亦可參與大陸相關職業聯賽。大陸單項體育運動協會可向臺灣同胞授予運動技術等級證書。歡迎臺灣運動員報考大陸體育院校。

資料來源：新華社，《關於進一步促進兩岸經濟文化交流合作的若干措施》，2019年 11 月 04 日，網址：http://www.mod.gov.cn/big5/topnews/2019-11-04/content_4854414.htm

貳、中共對臺青年政策日趨靈活

由於兩岸關係在蔡英文執政後急凍，臺灣內部青年民眾的態度逐漸傾向反中，加上政府對於兩岸交流一事未展現出高度興趣，因此我方自2016 年後，除了維持現有的交流活動，例如例行性論壇或研討會等，並未對大陸地區青年做出進一步的交流突破。

反觀中共官方，自從 2016 年後，反而在對臺青年交流上，採取更為主動與創新的作法，例如：2017 年的海峽論壇，主要議程分為為論壇大會、青年交流、基層交流、經貿交流等四大板塊，在論壇舉辦前設立網路平臺，向臺灣民眾公開徵選海峽論壇活動創意，以及舉辦海峽論壇金

點子大賽活動，徵選臺灣民眾的優秀創意納入活動。[39] 可見中共在青年交流上，不只將青年議題列為核心，更採用臺灣青年熟悉的網路徵集模式，可以說中共對臺的青年交流策略，反應相當靈活。

參、數位科技開啟新型態交流模式

隨著資通訊科技發達，數位化與網路高速化，造就許多線上平臺、社群與通訊媒介的興起，例如 Youtube、Facebook、Twitter、Bilibili、WeChat、QQ、Line、Tiktok 等平臺，甚至線上遊戲皆成為兩岸青年直接溝通的渠道，這些多元線上管道，進而帶動兩岸青年之間透過網路渠道進行新型態的直接交流模式，成為除了正式活動外的重要交流方式之一。

但是，網路直接交流的模式，有利有弊，隨著兩岸情勢緊張，臺灣與大陸地區青年因意識形態與民族情緒糾葛，加上政治集團刻意組織或帶動網民操作網路空間中的特定話題聲量，例如：大陸常戲稱的「五毛」、「小粉紅」，以及臺灣常提及的「覺青」、「側翼」等，網路平臺所提供的直接溝通空間，有時反而成為海峽兩岸青年互相展現仇視與叫罵的環境，令人唏噓。

不過，相較於非正式的網路直接對話，由兩岸共同舉辦的正式活動，在加入虛擬與現實交互交流後，開創了較新型態的網路應用方式，相比網民在網路平臺上直接溝通來說，預期能發揮較正面的效果。正式的虛實整合型交流活動，以 2020 年集中在福建省福州市舉辦的第八屆海峽青年節具相當代表性，該活動為 2020 年新冠肺炎疫情爆發以來，兩岸

---

[39] 顏建發，〈從第 9 屆海峽論壇透視北京對臺戰略布局，大陸與兩岸情勢簡報〉，<https://www.mac.gov.tw/News_Content.aspx?n=78702647C7A5B61B&sms=25D4C64CAEE1E128&s=5E662AA787517981>上網檢視日期：2020 年 12 月 8 日。

首場且規模最大的青年交流活動。其中 2020 海峽青年(福州)峰會採用線下與線上相結合形式進行，除在福州設立主會場外，在海峽兩岸臺灣青年聚集地同步設立了 6 個分會場，兩岸青年 10 萬餘人通過線下和線上參與了「雲上峰會」，規模相當龐大。

學者龐建國則認為，2020 海峽青年峰會採用虛實模式進行，代表兩岸青年都成長在數字化和「雲」計算興起的環境中，習慣於透過互聯網平臺交換信息、互相認識、談合作，「以雲為媒」作為兩岸青年交流的新方式，將有很大的拓展空間，可激發出很多的想像和創意；此外，通過以「雲」為媒的嘗試，兩岸青年交流可以朝向虛實並進的交互作用來產生倍乘效應，讓兩岸青年交流更加深入。[40]

肆、2018 連習會

國民黨榮譽主席連戰自 2013 年以降，與中共中央委員會總書記習近平進行四次會談，分別為 2013 年、2014 年、2015 年與 2018 年，其中在 2018 年進行的第四次連習會，當時時空環境與前三次大相逕庭，中美貿易爭端進入白熱化，兩岸關係在蔡英文政府主政下日益緊張，多數兩岸交流活動進入停擺或低潮。

因此，本次連習會具有穩定兩岸和平關係的正向意義，連戰辦公室在會後發布新聞指出，在閉門會議中，連戰提出 4 點意見：

1. 一個中國，兩岸「求一中原則之同，存一中涵義之異」
2. 兩岸和平，雙方「為人民謀幸福，為萬世開太平」
3. 互利融合，共策「交流合作互利，增進兩岸融合」

---

[40] 中國新聞網，〈「以雲為媒」開啟兩岸青年交流新方式〉，<https://www.sohu.com/a/4137 05781_123753>上網檢視日期：2020 年 12 月 8 日。

4. 振興中華，協力「促進民權民生，振興中華民族」

　　整體來看，第四次連習會雖然並未在兩岸青年交流上有實質之突破，但是對於穩定兩岸進入冰點的交流活動，具有一定程度的穩定作用，例如習近平的發言中，展露出大陸對臺政策，仍以兩岸關係和平發展為基調，並且仍堅持擴大深化兩岸交流合作，創造兩岸共利雙贏，並且所有惠臺措施仍持續進行　，可見本次會議對於整體兩岸交流的幫助。

　　簡言之，蔡英文總統上臺以來，雖然兩岸青年交流仍保持一定程度的活力，但是相較於馬政府時期，已經退溫許多，主要我方政府未展現高度興趣，並未把青年交流列為優先考量；反觀大陸地區，從 2014 年太陽花運動到 2016 年民進黨再度執政的過程中，似乎獲得必須加強兩岸青年交流的結論，因此，從 2018 年起推出一系列加大力度的惠臺措施，並且在活動中展現貼近臺灣年輕人偏好的操作作法，可謂相當靈活，然而，由於兩岸整體環境朝向對峙狀態，中共官方對臺態度日趨強硬，加上兩岸青年之間越來越極端化的思維，這時期的兩岸青年交流所帶來的影響如何，仍難下定論。

第四章　閩南文化與體驗式交流

　　臺灣作為一個移民社會，除了過去特殊的殖民統治之外，因地理因素，使閩南地區的人民移往臺灣的比例最高。臺灣閩南人是目前臺灣最大的族群，某種程度而言，在臺灣地區中華文化某種程度幾乎等同於閩南文化，臺灣受閩南文化的影響最深，諸多民間信仰、戲曲、風俗習慣等，幾乎都承襲自閩南地區的文化。

　　在閩南文化的影響之下，閩南文化之於構成臺灣文化的重要性不可忽視，特別是兩岸交流及影響，更不能繞過閩南文化的範疇。臺灣競爭力論壇從 2013 年 2 月開始，開始進行「國族認同調查」，到 2017 年 10 月調查為止，總共已經進行了 15 次調查，而根據龐建國的總結，綜觀歷次調查的結果，基本上呈現出一項事實，那就是經過血統、語言、和歷史文化共同淵源的提示，「中華民族一份子」和「泛中國人」的認同，一直是臺灣社會的多數[1]。

　　閩南文化交流與文化認同之間的關係，可以從「體驗」角度切入。文化交流實際上即為一種提供「交流的兩造」有所互動、學習、經驗流動的路徑，認同建立於「了解」之上，有所了解才有可能產生認同，有認同則又回過頭強化交流的力道，甚至會擴展交流的路徑。是故，閩南文化交流與文化認同是一種相互強化的關係，但先有了交流，才會建構出認同，爾後才有一種相互幫襯的循環。

　　龐建國 2017 年所做的調查曾針對「中華民族認同」和「中國人認

---

[1] 龐建國，泛中國人認同仍是臺灣社會的主流──2017 年 10 月「國族認同調查」結果分析。

同」進行調查，調查結果顯示，有 86.5%認為「自己是中華民族的一份
子」、7.5%則認為「自己不是中華民族的一份子」；有50.2%認為「自己
是中國人」、44.7%則認為「自己不是中國人」。而在「中國人認同」此
處的調查，回答 5 年內曾有赴陸經驗的受訪者達 65.6%，比例高於沒有赴
大陸者（43.8%）[2]。「中華民族認同」和「中國人認同」間的調查結果
之落差，加上回答 5 年內曾有赴陸經驗的受訪者達 65.6%，顯示出實際擁
有赴陸（暫且不論赴陸進行何種活動）經驗，之於更加具有文化深層意
涵跟性質的「中華民族認同」是有所增益的，而由於「中國人認同」涉
及在臺灣較為敏感的「國族認同」，與「中華民族認同」間有所差，當
屬正常。

　　足見在閩南文化的連結下，兩岸的連結一直是「血濃於水」，儘管
過程中政治力有所介入，如從李登輝時代開始的「去中國化」洗禮，總
計達 20 多年，中華民族的血脈還未被割斷，中華文化的根柢還未被刨
除，「泛中國人」的認同還是臺灣社會的主流[3]。

　　從兩岸開始開放交流以來，兩岸在民間熱絡而頻繁的交流下，逐漸
開始有了「互相了解」及兩岸民間社會的友好基礎，來臺交流的不論是
閩南地區的專家學者，或者是來臺交換的大陸學生，幾乎都是帶著美好
印象離臺，這是兩岸軟性交流的成功。然而，從 2016 年蔡英文執政後，
兩岸的交流趨緩，「抗中」的氛圍驟起，是否有對「中華民族」認同、
「中國人認同」造成影響，將在本書的觀測範圍之內，而閩南地區的體
驗式交流是否有所影響，則又是另一個觀測的部分。更以陸委會曾進行
過針對臺灣民眾對於「兩岸交流速度看法」之調查。作為兩岸進行文化

---

[2]　龐建國，泛中國人認同仍是臺灣社會的主流——2017 年 10 月「國族認同調查」結果分
　　析。

[3]　龐建國，泛中國人認同仍是臺灣社會的主流——2017 年 10 月「國族認同調查」結果分
　　析。

交流有助於兩岸和平穩定的佐證。

　　本章將藉由體驗式交流意涵的探討，輔以有關臺灣民眾國族認同和兩岸關係態度的民調結果，梳理閩南文化和體驗式交流之間在理論上應有的關係，為下一章的實證研究鋪路。

第一節　閩南文化創新與體驗

　　承前面篇幅的論述，對於兩岸而言，閩南文化是連結兩岸的重要橋樑。然而，一般人對於文化的「傳統性」往往帶有一定程度的迷思，相當程度地認為那是不具「現代性」或與時下流行的元素有所扞格的「過去累積」。

　　事實上，拜當代科技與新創思維所賜，傳統文化早已開始融入現代或時下流行之元素，有了不一樣的風貌。

　　回歸到閩南文化本身，創新並融入新元素本就是為了讓人們願意親近與體驗而生。舉例而言，臺灣的傳統媽祖信仰，近年開始有人將媽祖的形象予以「Q 版化」，雖仍保有媽祖的神格性跟神聖性，卻多了許多親民的元素，媽祖的形象顯得「親近又可愛」，媽祖的形象再造就是著名的閩南文化創新之例子。

　　因此，若以閩南文化的體驗而言，倘若是「冰冷」、「讓人認為有距離」的，實際上也不利於體驗，更遑論交流。基於前述，近年來，才會開始有閩南文化創新的實際行動。比方說，有地方政府舉辦閩南文化歌謠及舞蹈的創意比賽，讓參賽者各自發揮創意，給予傳統的閩南文化

（歌謠、舞蹈）新的元素，展現出新面貌[4]。

　　本章將會把重點放在閩南文化為何要創新、體驗式交流或學習之於閩南文化交流又有什麼重要性。在兩岸幾乎凍結的情況下，「體驗式交流」──「體驗式學習」改善兩岸認同及了解程度很可能是「可貴的有效」，反而更需要予以研究及著重。

壹、體驗式學習

　　學習是指從閱讀、聽講、研究、實踐中獲得知識或技能的過程，不過，這一過程只有通過親身體驗才能最終有效地完成，這是體驗式學習。體驗式學習過去用在教學效果研究中，指教師以課堂為舞臺、用任何可用感官接觸的媒質為道具、以學生為主體，通過創造出值得學生回憶，讓學生有所感受，留下難忘印象的方式，就是體驗式教學。

　　體驗式學習，事實上是一種主動式的學習。傳統的課堂學習乃是一種單向式的學習，即老師講解而聽眾、學生被動的學習。體驗式學習是以互動式學習的方式取代單向的教學，即雙向的學習，會與環境等不同的對象互動，動中學、學中動。其包含探索教育、戶外訓練等，帶有主動學習性質的學習方式。主動學習的目標是讓學習者積極參與他們自己的學習。簡單來說，人們可從主動的融入訓練的過程中學習到最多，而不是像傳統課堂教學被動的處於學習中，故體驗式學習也被稱為經驗式學習[5]。

　　學習本身亦具有文化傳播暨交流功能。學習這方面的功能體現在中

---

[4]　〈本土文化創新意涵 閩南歌謠創意舞蹈比賽五福宮尬舞〉，2019 年 6 月 23 日，桃園電子報。https://tyenews.com/2019/06/20143/。

[5]　徐正芳、林文政，《體驗式教學之訓練評估-以 F 公司為例》(桃園:國立中央大學人力資源管理研究所，2005 年)，頁 5-23。

國大陸設立孔子學院，除了推廣漢語教學之外，同時帶有跨文化傳播的功能。如果，過去相當長的一段時間主要把對外漢語教學作為「純粹的語言教學」的話，那麼，現在的漢語國際推廣則是讓外國的漢語學習者在習得漢語的同時，更多地瞭解中國文化，包括中國的文學與藝術等等[6]。

　　畢竟語言不僅是交際工具，亦在文化傳遞上產生效果，一個人對周遭事務的瞭解一大部分由其使用的語言決定，特別是漢語中含有相當豐富的文化訊息，也積累著民族文化傳統與民族心態特點[7]。

　　既然學習都具備文化傳播暨交流功能，可能更加帶著「主動性質」的體驗式學習，會強化學習的文化傳播暨交流功能，且體驗式學習跟經驗息息相關。在多數的經驗學習理論中，通常會強調經驗的重要性，經驗有利於學習，大部分經驗學習計畫的信念均認為，在個人成長的過程中，欲產生學習或行為上的改變，須透過「直接性經驗」(direct experience)[8]，而所有的改變均需要某種形式的經驗當作是基礎，學習者必須盡可能地接近此基礎，這種知識轉換的過程將比其他形式的學習更有價值[9]，此即為經驗的重要性。經驗教育不是學習的結果產品，而是一種學習過程，必須在適當的情境下實施，更強調學習者須有自發性動機並對學習本身負責，它是積極主動而非被動的過程。

　　研究經驗學習的前輩巨擘杜威認為，在經驗的內涵上，經驗是一個具有雙重語義概念的字眼（a double barreled word），它同時指涉了人們

---

[6] 亓華，〈漢語國際推廣與文化觀念的轉型〉，《北京師範大學學報》，總第 202 期，2007 年 07 月，頁 118。

[7] 岳方遂、孫洪德、阮顯忠，〈試論搞活現代漢語教學〉，《語言文字應用》，第 12 期，1994 年 11 月，頁 40。

[8] Dewey, John, *Experience and education.New* York, Macmillan Co., 1938。

[9] 郭金龍，《探索教育課程對企業員工人際溝通效果之影響研究》(朝陽科技大學休閒事業管理系碩士在職專班，2001 年)，頁 17-29。

的行動軌跡、生活經驗，而人們將以甚麼為基礎去進行行動，同樣受經驗影響，簡言之是「經驗中的過程」（process of experiencing）[10]。

　　杜威對經驗一詞，留下名言：「經驗指的就是開墾過的土地、種下的種子、收穫的成果以及日夜、春秋季節、氣溫乾濕、天氣冷熱等等的變化，這些被人們所觀察、害怕、盼望的東西，它同時也指謂這個種植與收割、工作與喜悅、渴望、恐懼、計畫、求助於魔術或化學、沮喪不安與洋洋得意的人。」[11]

　　體驗式教育是一個過程，通過這一學習構造知識、技能和直接經驗值，將經驗創造和轉化為知識、技能、態度、價值、情緒、信仰及感受的過程，結合做中學和反省思考，簡言之—互動。體驗是一種活動，也是活動的結果，兼具過程與結果的性質。

　　綜上所言，體驗式學習強調經驗，意即透過體驗，進而建構經驗，而後建立共識，形成行動的過程。而這種學習論，早已被運用在許多場域裡。一般學習對學生來說都是外在的，體驗式學習卻像生活中其他任何一種體驗一樣，是內在的，是個人在形體、情緒、知識上參與的所得。

貳、創新之重要性及目的

　　「創新」（innovation），一詞若以商業性的角度來看，會相當大的程度地與價值進行連結。熊彼得（Joseph Alois Schumpeter）對「創新」定義為：「將原來的生產要素重新組合，改變其產業功能，來滿足市場

---

[10]　Dewey, J. *Experience and nature*. New York: Dover publications ,1958。

[11]　吳木崑，〈杜威經驗哲學對課程與教學之啟示〉，《臺北市立教育大學學報》，2009 年 5 月，第一期，35-54。

需求從而創造利潤」[12]。

　　熊彼得的重點在於重新將要素組合起來，以利創造價值，此處的價值筆者認為也可跟文化進行連結。比如說：增加交流的價值，增加交流後的效益等。

　　若將創新這個概念，放到閩南文化這裡，基於增加交流的可能性，以及引起人們對閩南文化交流的興趣，將現代元素（譬如現代資通訊科技、AR、VR、傳統元素的新創再造等）便是必要。

　　閩南文化創新的重要性在於：利用工具層面革新的方式（閩南文化的內涵依舊必須保存，而是在呈現方式、交流方式、體驗方式等，進行變革，而這屬於工具性的層面），勾起他人之於閩南文化的興趣。許多的傳統文化創新皆為如此，文化內涵本身不變，但透過創新的方式，讓它變得更易於人們接受，如前面篇幅提到的，近年開始有人將媽祖的形象予以「Q版化」，Q版化的同時仍保有媽祖的神格性跟神聖性，但多了許多親民的元素，媽祖的形象顯得「親近又可愛」。

　　承上，閩南文化創新的目的也在於增加促進閩南文化交流之可能，才有可能從交流面開始，建構兩岸的閩南文化認同。故，閩南文化創新的重要性同時也是目的，利於兩岸文化交流。

參、如何創新＆小結

　　文化是一種「群體與眾不同的生活方式、生存的完整態樣」，因此文化是由後天學習的，文化是人類的「社會遺傳」，而非「自然遺傳」。從兩岸的觀點來看，特別是透過地域來說，閩南文化是主要兩岸

---

[12] 〈「創新」(innovation)──創造沒有競爭的市場空間〉，2008 年 9 月 15 日。https://blogc
astle.lib.fcu.edu.tw/archives/188。

比較接近的文化，包含語言、習俗、宗教等等，甚至彼此間的認同傳統、歷史、文化、記憶等，更會因差異的政治而改變，隨著媒體經驗而有所變化。

假若兩岸的歧異，是源自於「相互不了解」、加上媒體操作的話，透過體驗式學習或說體驗式交流的方式，或可改善此類情況。體驗式學習或體驗式交流的「創新」，應可說是一種「奠基於科技進步、可跨地域、跨時間的工具，藉以促進兩岸交流」的「深化」。

工具性的革新，包括視訊、互聯網的應用，原本傳統的交流形式——例如座談會、學術研討、兩岸學子的促膝長談等，都可應用視訊、互聯網等新穎資通訊傳播工具，藉以在新冠肺炎疫情徹底斷絕兩岸往來，加上政治力的強力介入的情況下，繼續推展兩岸交流，尤其是兩岸閩南地區的文化交流。這類的文化交流如若繼續維持下去，至少可讓兩岸民間維持一定的互相了解之基礎，多少可為兩岸和平貢獻微薄心力。

是故，談及體驗式學習的創新，理論內涵及強調經驗的學習歷程是根本不變的，但藉由工具類別的創新，達成一定程度的學習暨交流深化，甚至可以思考，當兩岸重新實際接觸、開展交流活動之後，AR、VR等更為前瞻的科技技術，如何運用在兩岸的閩南文化交流，擴展交流效果。

比方說，運用 VR 技術讓前往交流的臺灣學子「重溫」閩南地區漳泉移民初來乍到臺灣，如何樣的篳路藍縷、披荊斬棘，此刻他們所生活的臺灣，所處可見的閩南文化影子又是從何而來等等，這都在強化體驗式學習的經驗歷程及其學習效果。

承前所言，假若兩岸的歧異，是源自於「相互不了解」、加上媒體操作的話，體驗式交流或許將是眼前的一帖解方。體驗式交流或說學習，不光只讓學生或交流者「沉浸」到對方所希望體驗的情境當中，而是同時給予一定的「反饋」（feedback）空間跟機會，將學生或交流者希

望傳達給對方的「訊息」同步傳達給對方。所以，這也是體驗式交流（學習）有助於消除歧異的主要原因，缺乏交流即等於缺乏溝通，缺乏溝通即等於缺少訊息流通，沒了訊息流通自然沒有增加互信、相互了解、消除歧見的可能，有所溝通交流，才有找到雙方共同的平衡點之可能。這中間的可能平衡點，就是兩岸閩南文化的高度文化接近性，交流後才知道兩岸同源同種，而非如特定政治人物所採取的「去中國化」，甚而升級成「去中華化」，要讓兩岸在文化上徹底斷鏈。

　　是故，體驗式交流的兩岸交流，是在讓兩岸維繫一定程度的文化連結，不讓臺灣方面的文化認同及身分認同，發生錯誤的認知及混亂。不過從上述數據發現，或者透過這樣的文化連結，那就是經過血統、語言、和歷史文化共同淵源的提示下，從龐建國 2017 年所做的調查中，同樣發現「中華民族一份子」和「泛中國人」的認同，一直是臺灣社會的多數，而有86.5%認為「自己是中華民族的一份子」、7.5%則認為「自己不是中華民族的一份子」；有 50.2%認為「自己是中國人」、44.7%則認為「自己不是中國人」。而在「中國人認同」此處的調查，回答5年內曾有赴陸經驗的受訪者達 65.6%，比例高於沒有赴大陸者（43.8%）。足見在閩南文化的連結下，兩岸的連結一直是「血濃於水」，儘管過程中政治力有所介入，如從李登輝時代開始的「去中國化」洗禮之餘，總計達 20 多年，中華民族的血脈還未被割斷，中華文化的根柢還未被刨除，「泛中國人」的認同還是臺灣社會的主流。

第二節　過去的閩南文化體驗反饋

　　閩南文化，是中國傳統文化重要組成部分。就區域來說，閩南文化的區域主要包括廈、漳、泉、臺灣與海外地區，且是以閩南方言為主的

區域文化，富有鮮明的區域文化特色。

閩南文化是一種特殊文化形成的標誌，其中包括：獨特的語言、獨特的風俗與共同的信仰。閩南文化具有上承下傳的雙重傳播性特徵：主體文化由中原傳播而來，融合土著文化形成富有地方特色的閩南文化，爾後又通過移民臺灣傳播到臺灣及通過移居國外的華僑華人傳播到國外。

兩岸若是善用福建閩南文化的特徵，加速「兩岸一家親」的共識建立，進而形成中華文化的認同，這或許將會是兩岸透過逐漸消除歧異的交流途徑。某種程度而言，「體驗式交流」可以與「體驗式學習」相互代換，交流某種層面上，不也正是在學習對方？

儀式互動，是情感形成的主要機制，也是情感互動的主要表達媒介。從某種意義上說，情感的本質特性是社會性和互動性。人們有「情」才會感，有「感」才會有感性的動，情感互動強調情感交流的雙向性、互動性、共用性。現代心理學強調，情感乃是帶目的性的現象，因此，它可以表現為包括信仰、判斷、理性和思想的認知狀態；每種情感都表達了主體有特殊意義的內驅力、本能、需要、動機、目標或期望[13]。人類是地球上最具情感的動物，「人類的認知、行為以及社會組織的任何一個方面幾乎都受到情感驅動。在人際互動中，情感是隱藏在對他人的社會承諾背後的力量。不僅如此，情感也是決定社會結構形成的力量」[14]。

文化傳播透過大眾媒介進行，藉大眾媒介傳遞經驗與想法，這在文化保存與觀念傳達中，被視為是不錯的方式與工具。然而，在目前資訊爆炸、眾聲喧嘩的資訊社會中，大眾媒介對於資訊傳達的效果變弱，加

---

[13] 史華羅，《中國歷史中的情感文化》(北京：商務印書館，2009 年 6 月)，頁 3。

[14] 喬納森·特納，《人類情感》(北京：東方出版社，2009 年 11 月)，頁 2。

上各項因素，如新媒體與互聯網等新穎傳播媒介、渠道興起等，使得面對面情感互動與表達，被隱藏在網路之後，形成「假性的雙向、互動與共用」。在現今兩岸兵凶戰危、關係緊張、民間交流近乎凍結的情況下，言論倘若涉及兩岸關係的議題，除了「政治正確」的單向言論外，幾乎毫無交流，如此情況下，更是無法正確探知雙方內心想法，更無所謂的共識建立。

此間，又必須談及認同，了解了「認同」的情況如何，才有辦法論述下去。

壹、中華民族和中國人認同調查

臺灣競爭力論壇之國族認同調查，其為了進行交叉分析，將地區分成三大塊，而有關之交叉分析皆已排除年齡及學歷拒答者。在此列出交叉表中地區之分類代號，以利閱讀，如下所示：

表 7　交叉表中地區之分類代號

地區（注音）	
ㄅ區	北北基
ㄆ區	桃竹苗
ㄇ區	中彰投
ㄈ區	高屏澎雲嘉南宜
地區（ABC）	
A 區	北北基桃竹苗
B 區	中彰投

C 區	高屏澎雲嘉南宜
地區（甲乙）	
甲區	北北基桃竹苗
乙區	中彰投高屏澎雲嘉南宜

資料來源：臺灣競爭力論壇，《國族認同調查結果報告》，民國 106 年 10 月。

　　臺灣競爭力論壇曾於民國 106 年 10 月的調查中指出，有 86.5%認為「自己是中華民族的一份子」、7.5%則認為「自己不是中華民族的一份子」，另有 6.0%不願回答（參表 8）。

表 8　「中華民族具有共同血緣、語言歷史文化，請問您覺得自己是不是中華民族的一份子？」回答統計表

	101.12 調查 (N=1068)		102.1 調查 (N=807)		102.2 調查 (N=1092)		102.4 調查 (N=1077)		102.6 調查 (N=1074)		102.10 調查 (N=1086)	
	次數	百分比	次數	百分比	次數	百分比	次數	百分比	次數	百分比	次數	百分比
是	922	86.3%	714	88.5%	987	90.4%	961	89.3%	911	84.8%	943	86.8%
不是	80	7.5%	58	7.2%	70	6.4%	81	7.5%	106	9.9%	106	9.8%
拒答	66	6.2%	35	4.3%	35	3.2%	35	3.2%	57	5.3%	37	3.4%
總和	1068	100.0%	807	100.0%	1092	100.0%	1077	100.0%	1074	100.0%	1086	100.0%

103.2 調查 (N=1077)	103.5 調查 (N=1080)	103.8 調查 (N=1078)	103.12 調查 (N=1083)	103 年整體 (N=4318)	104.4 調查 (N=1080)

	次數	百分比	次數	百分比	次數	百分比	次數	百分比	次數	百分比	次數	百分比
是	929	86.2%	905	83.8%	938	87.0%	919	84.9%	3691	85.5%	912	84.4%
不是	95	8.9%	110	10.2%	97	9.0%	99	9.1%	402	9.3%	90	8.3%
拒答	53	4.9%	65	6.0%	42	4.0%	65	6.0%	226	5.2%	78	7.2%
總和	1077	100.0%	1080	100.0%	1078	100.0	1083	100.0%	4318	100.0%	1080	100.0%

104.7 調查 (N=1081)		104.9 調查 (N=1087)		105.6 調查 (N=1076)		105.10 調查 (N=1076)		106.04 調查 (N=1085)		106.10 調查 (N=1083)	

	次數	百分比	次數	百分比	次數	百分比	次數	百分比	次數	百分比	次數	百分比
是	939	86.9%	909	83.6%	903	84.0	926	86.1%	939	86.5%	936	86.5%
不是	95	8.8%	116	10.7%	97	9.0	104	9.6%	101	9.3%	81	7.5%
拒答	47	4.3%	62	5.7%	76	7.0	46	4.3%	45	4.1%	65	6.0%
總和	1081	100.0%	1087	100.0%	1076	100.0	1076	100.0%	1085	100.0%	1083	100.0%

資料來源：臺灣競爭力論壇，《國族認同調查結果報告》，民國 106 年 10 月。

在經過交叉分析比對後，「中華民族具有共同血緣、語言歷史文化，請問您覺得自己是不是中華民族的一份子？」此項問題的地區、年

齡、學歷之差異，則可見於表 9。在地區（注音）中，各區回答是中華民族的比例皆在 8 成以上，ㄈ區回答不是的比例超過 1 成；在地區（ABC）中，各區回答是中華民族的比例皆在 8 成以上，C 區回答不是的比例超過 1 成；在地區（甲乙）中，各區回答是中華民族的比例皆在 8 成以上，乙區回答不是的比例超過 1 成。

另外，在年齡區間中，各年齡層回答「是」的比例皆超過 8 成，30-39 歲回答「不是」的比例超過 8 成；而在學歷區間中，各學歷層回答「是」的比例皆有 7 成 5；國中及大學／研究所學歷回答「不是」的比例約為 1 成；不識字／小學「拒答」的比例有 17.1%。

表 9 「中華民族具有共同血緣、語言歷史文化，請問您覺得自己是不是中華民族的一份子？」交叉分析表

		是	不是（追問 1_a）	拒答	總數	
		列%	列%	列%	個數	列%
地區(注音)*	ㄅ區	88.5%	5.0%	6.5%	327	100.0%
	ㄆ區	90.5%	2.6%	6.9%	165	100.0%
	ㄇ區	84.6%	7.8%	7.6%	207	100.0%
	ㄈ區	83.3%	12.5%	4.3%	352	100.0%
地區(ABC)*	A 區	89.2%	4.2%	6.6%	492	100.0%
	B 區	84.6%	7.8%	7.6%	207	100.0%
	C 區	83.3%	12.5%	4.3%	352	100.0%

地區	甲區	89.2%	4.2%	6.6%	492	100.0%
(甲乙)*	乙區	83.8%	10.7%	5.5%	559	100.0%
族群	本省客家	91.5%	5.1%	3.4%	115	100.0%
	本省閩南	85.3%	8.1%	6.6%	820	100.0%
	大陸各省市	91.6%	4.9%	3.5%	115	100.0%
	原住民/新住民/其他	79.8%	9.2%	11.0%	33	100.0%
年齡*	20-29 歲	92.3%	5.1%	2.6%	182	100.0%
	30-39 歲	81.6%	10.5%	7.9%	215	100.0%
	40-49 歲	86.3%	8.0%	5.7%	208	100.0%
	50-59 歲	90.0%	6.0%	4.0%	206	100.0%
	60 歲以上	83.6%	7.7%	8.8%	269	100.0%
學歷*	不識字/小學	75.9%	7.0%	17.1%	93	100.0%
	國中	79.8%	11.2%	9.0%	82	100.0%
	高中	88.4%	5.2%	6.3%	275	100.0%
	專科	91.7%	4.9%	3.4%	150	100.0%
	大學/研究所	87.0%	9.2%	3.8%	478	100.0%
近 5 年是否赴陸	有	89.8%	6.5%	3.7%	318	100.0%
	沒有/忘記了	85.1%	7.9%	7.0%	765	100.0%
性別	男	84.9%	8.5%	6.6%	533	100.0%

| | 女 | 88.0% | 6.5% | 5.5% | 550 | 100.0% |
| | 總數 | 86.5% | 7.5% | 6.0% | 1083 | 100.0% |

資料來源：臺灣競爭力論壇，《國族認同調查結果報告》，民國 106 年 10 月

　　再順著往下調查，就「您認為您是不是『中國人』？」此項問題的調查，據民國 106 年 10 月臺灣競爭力論壇的調查顯示，50.2%認為「自己是中國人」、44.7%則認為「自己不是中國人」，另有 5.1%未表態。與 106 年 4 月的調查相比，認為「是」中國人的比例減少 0.9 個百分點，「不是」的比例增加 0.1 個百分點，未表態比例增加 0.8 個百分點（參表 10）。

表 10　「您認為您是不是『中國人』？」回答統計表

	101.12 調查(N=1068)		102.1 調查(N=807)		102.2 調查(N=1092)	
	次數	百分比	次數	百分比	次數	百分比
是	608	56.9%	485	60.1%	667	61.1%
不是	386	36.1%	279	34.6%	386	35.4%
未表態	74	6.9%	43	5.3%	39	3.6%
總和	1,068	100.0%	807	100.0%	1092	100.0%
	102.4 調查(N=1077)		102.6 調查(N=1074)		102.10 調查(N=1086)	
	次數	百分比	次數	百分比	次數	百分比
是	619	57.5%	581	54.1%	601	55.3%
不是	405	37.6%	451	42.0%	448	41.2%

未表態	53	4.9%	42	3.9%	37	3.4%
總和	1077	100.0%	1,074	100.0%	1086	100.0%

	103.2 調查(N=1077)		103.5 調查(N=1080)		103.8 調查(N=1078)	
	次數	百分比	次數	百分比	次數	百分比
是	594	55.1%	506	46.8%	571	53.0%
不是	427	39.6%	502	46.5%	463	43.0%
未表態	56	5.2%	72	6.7%	44	4.1%
總和	1077	100.0%	1080	100.0%	1078	100.0

	103.12 調查(N=1083)		103 年整體(N=4318)		104.4 調查(N=1080)	
	次數	百分比	次數	百分比	次數	百分比
是	605	55.8%	2275	52.7%	586	54.3%
不是	427	39.4%	1819	42.1%	434	40.2%
未表態	51	4.7%	224	5.2%	60	5.6%
總和	1083	100.0%	4318	100.0%	1080	100.0%

	104.7 調查(N=1081)		104.9 調查(N=1087)		105.6 調查(N=1076)	
	次數	百分比	次數	百分比	次數	百分比
是	569	52.6%	519	47.7%	503	46.8%
不是	452	41.8%	509	46.9%	493	45.8%
未表態	60	5.6%	59	5.4%	80	7.4%

總和	1081	100.0%	1087	100.0%	1076	100.0%
	105.10 調查(N=1076)		106.04 調查 (N=1085)		106.10 調查(N=1083)	
	次數	百分比	次數	百分比	次數	百分比
是	559	52.0%	555	51.1%	544	50.2%
不是	463	43.0%	484	44.6%	484	44.7%
未表態	54	5.0%	46	4.3%	55	5.1%
總和	1076	100.0%	1085	100.0%	1083	100.0%

資料來源：臺灣競爭力論壇，《國族認同調查結果報告》，民國 106 年 10 月。

　　表 11 顯示出，從不同的地區、族群、年齡、學歷、「近 5 年是否赴陸」等分析，從地區（注音）來看，ㄆ區回答「是」中國人的比例有 6 成 3 最高，其餘各區介於 44.4%-49.4%，ㄈ區回答不是的比例超過 5 成最高；從地區（ABC）來看，A 區（54.1%）回答「是」的比例較另二區高；從地區（甲乙）來看，甲區（54.9%）回答「是」的比例較乙區高（45.1%）。

　　再從族群來看，「大陸各省市」族群認同自己是中國人的比例（73.1%）高於其他族群，而原住民／新住民認為自己不是中國人的比例最高（56.2%）；由年齡觀之，40 歲以上年齡層回答是中國人的比例超過 5 成 5 較高（介於 57.5%-60.8%），20-29 歲的比例最低（25.3%）；從學歷觀之，「不識字／小學」及「大學／研究所」回答「不是」（49.7%、52.8%）的比例高於「是」（38.7%、43.8%）的比例，其他學歷層則反之。

　　此外，若從「近 5 年是否赴陸」觀之，近 5 年有赴大陸者，回答「是」（65.6%）的比例高於沒有赴大陸者（43.8%）。

表 11 「您認為您是不是『中國人』？」交叉分析表

		是(追問 2-a)	不是(追問 2-b)	不知道/無意見	總數	
		列%	列%	列%	個數	列%
地區(注音)*	ㄅ區	49.4%	44.6%	6.0%	327	100.0%
	ㄆ區	63.4%	33.1%	3.5%	165	100.0%
	ㄇ區	46.3%	47.5%	6.2%	207	100.0%
	ㄈ區	44.4%	51.3%	4.2%	352	100.0%
地區(ABC)*	A 區	54.1%	40.7%	5.1%	492	100.0%
	B 區	46.3%	47.5%	6.2%	207	100.0%
	C 區	44.4%	51.3%	4.2%	352	100.0%
地區(甲乙)*	甲區	54.1%	40.7%	5.1%	492	100.0%
	乙區	45.1%	49.9%	5.0%	559	100.0%
族群*	本省客家	57.4%	39.4%	3.2%	115	100.0%
	本省閩南	46.7%	47.9%	5.3%	820	100.0%
	大陸各省市	73.1%	23.8%	3.1%	115	100.0%
	原住民/新住民/其他	31.5%	56.2%	12.3%	33	100.0%
年齡*	20-29 歲	25.3%	71.0%	3.6%	182	100.0%
	30-39 歲	43.8%	50.2%	6.0%	215	100.0%
	40-49 歲	58.1%	37.5%	4.3%	208	100.0%

	50-59 歲	60.8%	34.3%	4.9%	206	100.0%
	60 歲以上	57.5%	36.5%	6.0%	269	100.0%
學歷*	不識字/小學	38.7%	49.7%	11.5%	93	100.0%
	國中	51.9%	39.8%	8.3%	82	100.0%
	高中	56.9%	38.9%	4.2%	275	100.0%
	專科	66.5%	30.1%	3.4%	150	100.0%
	大學/研究所	43.1%	52.8%	4.1%	478	100.0%
近 5 年是否赴陸*	有	65.6%	32.3%	2.1%	318	100.0%
	沒有/忘記了	43.8%	49.9%	6.3%	765	100.0%
性別	男	50.3%	45.8%	3.9%	533	100.0%
	女	50.1%	43.7%	6.2%	550	100.0%
	總數	50.2%	44.7%	5.1%	1083	100.0%

資料來源：臺灣競爭力論壇，《國族認同調查結果報告》，民國 106 年 10 月。

　　此外，倘根據《天下雜誌》2019 年 12 月 30 日釋出的〈天下 2020 獨家國情調查：臺灣 vs.中華民國　世代衝突，更勝南北〉的調查，該調查顯示，在國家認同、統獨傾向上，世代差異創史上新高，40 歲以下認同

臺灣高於中華民國；超過 40 歲，逾六成支持維持現狀[15]。

　　天下 2020 獨家國情調查：臺灣 vs.中華民國　世代衝突，更勝南北，針對各個年齡層的身分認同、國家認同、統獨傾向、赴陸意願等兩岸往來重要議題進行調查。在「您認為自己是臺灣人、中國人或者都是？」此項調查中，20 至 29 歲區間認為自己是臺灣人的比例，明顯高過其他年齡層（82.4%）最長的那條長度，而隨著年齡層往上提升，認同自己是臺灣人的比例便越少（參圖 5）；另，若從全體平均來看，認為自己是臺灣人者依舊超過六成。

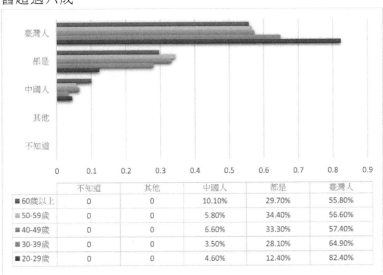

	不知道	其他	中國人	都是	臺灣人
■60歲以上	0	0	10.10%	29.70%	55.80%
■50-59歲	0	0	5.80%	34.40%	56.60%
■40-49歲	0	0	6.60%	33.30%	57.40%
■30-39歲	0	0	3.50%	28.10%	64.90%
■20-29歲	0	0	4.60%	12.40%	82.40%

圖 5　臺灣人或中國人的身分認同比例圖

資料來源：〈天下 2020 獨家國情調查：臺灣 vs.中華民國　世代衝突，更勝南北〉

---

[15] 〈天下 2020 獨家國情調查：臺灣 vs.中華民國　世代衝突，更勝南北〉，林倖妃．《天下雜誌》689 期，2019 年 12 月 30 日。該調查為《天下雜誌》調查中心於 2019 年 11 月 21 日至 11 月 24 日進行的民意訪問。調查方法是以臺灣住宅電話號碼簿為母體，採分層比例隨機抽樣法，並進 689 期，2019 年 12 月 30 日。該調查為《天下雜誌》調查中心於 2019 年 11 月 21 日至 11 月 24 日進行的民意訪問。調查方法是以臺灣住宅電話號碼簿為母體，採分層比例隨機抽樣法，並進行尾兩碼隨機替代。成功訪問 1073 位年滿 20 歲以上之臺閩地區民眾，在信心水準為 95%的情況下，抽樣誤差在正負 2.99 個百分點之內。所有資料依性別、年齡、教育程度及居住地區進行樣本代表性檢定，並加權進行事後調整。

　　而在「您認為臺灣、中華民國、『中華民國臺灣』，哪個最能代表我們國家的名稱？」此項調查中，20 至 29 歲區間認為臺灣最能代表國家名稱的比例，依舊遠超其他年齡層（20 至 29 歲區間的認同比例為 63.6% 最長的那條長度），須留意的是，蔡英文所提出的「中華民國臺灣」得到的認同比例是所有年齡區間最低（僅 5.8%（參圖 6）。此外，在此項調查必須留意的是，倘若從整體平均來看，認為臺灣最能代表國家名稱者有 39.7%，認為中華民國最能代表國家名稱者有 38.3%「中華民國臺灣」作為臺灣與中華民國之間的妥協產物，全體平均所得到的認同比例僅 16.8%，在兩者只有 1.4%的微小差距之情況下，這其實呈現了某種程度的國家認同分歧，究竟是否會延伸成「國家認同分裂」，需要密切觀察。

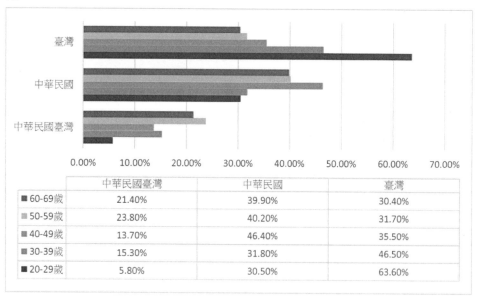

圖 6　臺灣或中華民國國家認同比例圖

資料來源：〈天下 2020 獨家國情調查：臺灣 vs.中華民國　世代衝突，更勝南北〉

接著，在「長期而言，您希望臺灣與大陸的政治關係最好是哪一種？」此項調查中，20 至 29 歲區間支持臺灣獨立（指廣泛的臺灣獨立，包含「臺灣獨立但與大陸保持和平關係」以及「不論大陸如何，臺灣盡快獨立」），合計約 58.5%最長的那條長度，遠超過支持「維持現狀」的 29.2%（參圖 7）。此外，從 30 至 39 歲區間以上的年齡層開始，不論之前調查身分認同、國家認同的傾向如何，超過五成五的人支持「維持現狀」，20 至 29 歲的年輕區間認為兩岸應「維持現狀」的比例最低。

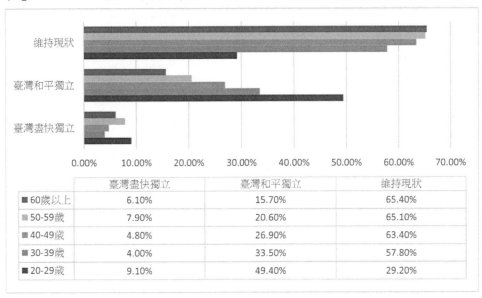

	臺灣盡快獨立	臺灣和平獨立	維持現狀
■ 60歲以上	6.10%	15.70%	65.40%
■ 50-59歲	7.90%	20.60%	65.10%
■ 40-49歲	4.80%	26.90%	63.40%
■ 30-39歲	4.00%	33.50%	57.80%
■ 20-29歲	9.10%	49.40%	29.20%

圖 7　統獨傾向比例圖

資料來源：〈天下 2020 獨家國情調查：臺灣 vs.中華民國　世代衝突，更勝南北〉

緊接著，在「請問您願不願意去大陸工作？請問您願不願意讓下一代到大陸受教育？」此項調查中，受調查者展現出強烈的排斥。願意赴陸工作者有 28.8%，而不願意者有 58.6%最長的那條長度；願意讓下一代赴陸受教育者有 25.0%，不願意者有 67.8%最長的那條長度（參圖 8）。

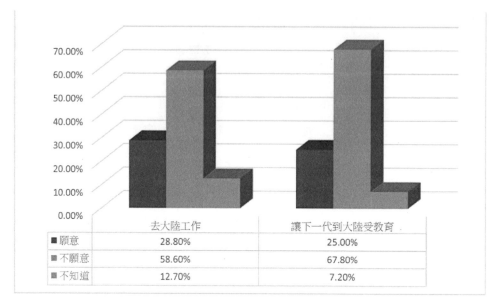

	去大陸工作	讓下一代到大陸受教育
■ 願意	28.80%	25.00%
■ 不願意	58.60%	67.80%
■ 不知道	12.70%	7.20%

圖 8　赴陸發展意願調查長條圖

資料來源：〈天下 2020 獨家國情調查：臺灣 vs.中華民國　世代衝突，更勝南北〉

　　上述調查某種程度展現出現今臺人與大陸交流的排斥，赴陸工作也好，讓下一代赴陸受教育也罷，在意義上其實即為一種交流，且是一種具備「積極意義」的交流。原因在於，那是一種完全融入當地情境、生活，體驗飲食習慣、文化風俗、職場文化、教育品質暨體系等等含括軟性與剛性的各類層面之交流，效果上自然也會勝過包含學術交流、文化參訪等在內的短期交流的交流效果，這是一種「深度交流」。或許因國際環境驟變、兩岸關係變化以及該年（2019）所發生的香港「反送中」事件，使臺人對中國大陸升起戒心，排斥交流的情況即直接反映在此項調查。

　　對於中國大陸的戒心、不信任，同樣反映在臺人如何看待兩岸簽署和平協議後的效果。在「國內有總統參選人提出要和對岸簽署和平協

議，您認為和平協議可不可以保障臺灣的安全？」此項調查中，結果顯示，有 63.4%的人認為不可以，認為可以者僅有 23.1%（參圖 9）。此項調查充分展現出當前臺人對於中國大陸的不信任，而此種不信任或許相當程度的影響到兩岸交流的意願。

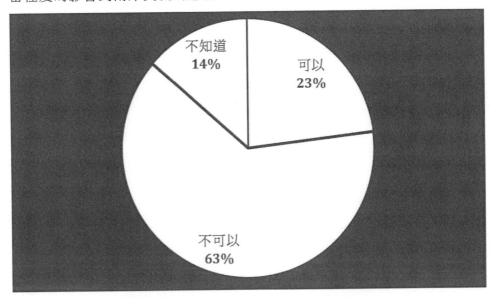

圖 9　臺灣人如何看待兩岸和平協議圖

資料來源：〈天下 2020 獨家國情調查：臺灣 vs.中華民國　世代衝突，更勝南北〉

貳、閩南文化的重要性

　　根據臺灣競爭力論壇的調查，臺灣民眾大約有 86.5%認為「自己是中華民族的一份子」、7.5%則認為「自己不是中華民族的一份子」；有 50.2%認為「自己是中國人」、44.7%則認為「自己不是中國人」。「中華民族認同」與「中國人認同」間的落差，呈現在調查的結果中。

　　事實上，民族的內涵中，可能包含了相當大的文化成分，構成民族

的客觀要素必然包含文化，這也是為什麼調查結果呈現出的是：「中華民族認同」明顯高於「中國人認同」，兩岸間的閩南文化連結是否起了關鍵作用，值得進一步探討。

兩岸高度的文化相似性、文化接近性，展現在臺灣生活的每個角落，比如民間信仰、風俗、宮廟、具有特定神祇祭祀的文化、俗稱「臺語」的閩南地方方言等，不停的在日常生活中，連結著兩岸，此間連結兩岸的便是閩南文化。

是故，閩南文化的重要性在於，連結著兩岸的「中華民族認同」。比起涉及敏感的「中國人認同」此類的身分認同（可能也帶有國族認同的意味），較為軟性、佈滿日常生活中的文化，與建構於文化、語言、風俗等等要素之上的「中華民族認同」，反而更能在此時此刻讓臺灣人「接納」，更不涉及具有相當政治意味的其他認同。

倘若少了閩南文化的連結，在歷經兩岸數十年的分治後，兩岸實也很難找到其他更直接的連結，閩南文化的重要性便在這裡。

參、「體驗」是創新閩南文化的新途徑

兩岸的閩南文化為連結兩岸的橋樑，對兩岸閩南文化予以創新，以利於兩岸的文化交流，其中應從「體驗」切入。

承前面的篇幅所言，體驗式學習事實上是一種主動式的學習。傳統的課堂學習乃是一種單向式的學習，即老師講解而聽眾、學生被動的學習。倘將「學習」代換成「交流」，亦是同理。

體驗在於雙向的互動，提供體驗的那方可藉由創造情境的方式，讓另一方於情境中，進行文化、經驗交流，甚或學習。更重要的是，「體驗」可能創造「相互了解的機會」。「體驗」的效果或可參考有無赴陸經驗之於個人的影響，有赴陸經驗者可能較容易因為「曾經體驗過」，

而對於閩南文化以及與之附隨的文化認同產生強連結。根據《赴陸交流對臺灣學生統一意願之影響》之研究顯示，該研究透過兩波問卷調查的定群追蹤後發現，大約進行為期十天左右的交流，就有 36.7% 的赴陸臺生改變其統一意願，變得更贊成統一者比變得更不贊成者多 12.3%，顯示出實際體驗之重要性，而其相關的調查結果指涉出應強化臺灣學生對中國大陸的瞭解之結論[16]。

　　若要能強化兩岸閩南文化之連結，或是更進一步的建構兩岸的閩南文化認同，「體驗」都是不可或缺的重要路徑。尤以要針對閩南文化進行「創新」，「體驗」的要素亦是不可或缺。藉由「體驗」式的事物，營造出「情境」或者是與「情境」相類似的情況，更有利於兩岸的閩南文化交流。此處的「體驗」更可能像是一種藉由現代資通訊發達之科技，所為之的創新事物。

　　有些閩南的傳統文化，比如技藝、建築等，在現實可能早已失佚、式微，此時 AR、VR 科技便是從視覺上重現和體驗相關技藝、建築以及其他失傳的閩南文化之文化事物的最好技術。

　　是故，從「體驗」角度切入，幾乎可說是創新閩南文化所必經的新途徑，也是利於閩南文化傳承、經驗交流、文化保存之新途徑。「體驗」一詞具有的廣度，可供科技介入，運用於文化層面上，多有益處。

肆、小結

　　綜合來看，截至民國 106 年（2017）的調查顯示，在提示兩岸有著共同的血統、語言和文化的情況下，臺灣民眾對於兩岸的「中華民族認

---

[16]　王嘉州；李侑潔，〈赴陸交流對臺灣學生統一意願之影響〉，《社會科學論叢》，2012 年 10 月，6 卷 2 期，頁 1-34。

同」仍有超過 8 成 5 的認為臺灣是有「中華民族認同」的。但是,若再觀察「中國人認同」的變化(參表 4),可以發現從民國 101 年 12 月的調查,回答「是」的受訪者還有 56.9%,之後雖有短暫上升,到了 103 年 5 月創下新低(46.8%),與「不是」的差距只有 0.3%(46.5%),之後短暫回升,105 年 6 月再度達到新低(46.8%)。

整體趨勢來看,「中國人認同」的比例正在漸漸下滑。筆者認為,「中華民族認同」之所以維持在 8 成以上左右的比例,是因為比起「中國人認同」這類帶有強烈「指涉」「特定國家」的「身分認同」或是「國族認同」,因連結兩岸文化、歷史、血緣、宗教等內在文化因素,概念上更為廣泛的「中華民族認同」較能讓臺灣人暨社會接受,至少不會強烈否定「兩岸源起,同源同種」的廣泛民族認同。

筆者認為,維繫兩岸的「中華民族認同」就在於閩南文化。臺灣的諸多民俗慶典、宗教信仰、風俗民情等,跟閩南地區有千絲萬縷的關係。從表 12 來看,1926 年日據時代的時候,當時的臺灣漢人籍貫約有 80.0%來自泉州及漳州(即為閩南地區),廣義的福建省移民(包含泉州、漳州)則約佔 83.1%。

表 12　1926 年臺灣漢人籍貫

省份			福建省			廣東省			其他		
府州	泉州府	永春州	漳州府	汀州府	龍巖府	福州府	興化府	潮州府	惠州府	嘉應州	
人口比率	44.8%	0.5%	35.2%	1.1%	0.4%	0.7%	0.2%	3.6%	4.1%	7.9%	1.3%

資料來源:維基百科　閩南裔臺灣人

　　來自泉州及漳州——閩南地區的移民，構成臺灣漢人組成的大宗，是故也構成臺灣文化的主體，故從族群組成來看，閩南文化事實上即為臺灣文化的主體。臺灣隨處可見與閩南文化相關的事物，早已融入在臺灣的生活，如媽祖崇拜、關聖帝君崇拜、俗稱「臺語」而實則源自閩南地區的閩南方言等。換言之，臺灣的「中華民族認同」是一種根基於閩南文化的認同，因臺灣社會的生活處處與閩南文化息息相關。

　　民國 106 年 10 月所為之調查，適逢總統蔡英文就任第二年且發表國慶演說的時刻，當時的蔡英文因 2016 年提出認知到「九二會談的歷史事實」，遭中國大陸方面以「未完成的答卷」予以「駁回」，她在 2017 年國慶演說中宣稱，「兩岸關係發展攸關臺灣前途及兩千三百萬人民的長遠福祉。從去（指 2016）年 520 到現在，為維護兩岸關係和平穩定發展，我們已盡了最大的善意，雖然因為雙方政治立場差距造成兩岸的波折，但也努力維持兩岸關係的基本穩定」，隨後又提「我們的善意不變、承諾不變，不會走回對抗的老路，但也不會在壓力下屈服」，「這就是我們處理兩岸關係一貫的原則」。正是由此開始，兩岸由交流和緩，轉向激化對抗。

　　民國 106 年 10 月恰好是一個轉捩點，但不涉及指涉「特定國家」的「身分認同」之「中華民族認同」仍可因為兩岸不可切斷的連結而持續維持，最大原因在於：不會有人否認臺灣的文化源於閩南地區（即使有也是少數）。文化如雲似水，影響著臺灣人們生活的各個層面。

　　2019 年 10 月，臺灣競爭力論壇再度釋出國族認同的調查（參圖 10），在「具有共同血緣、語言歷史文化」的前提下，有 85.6%的民眾認同自己「是中華民族一份子」，較去（2018）年調查減少 1.7%；另一方面，「否認自己為中華民族一份子」的民眾有 10.6%，較去（2018）年調查增加 3.8%。2019 年則又是特別的一年，臺灣方面正經歷 2020 總統大選、香港「反送中」、臺灣社會「芒果乾」（亡國感）的氛圍，「中華

民族認同」依舊保持在 8 成 5 以上的比例，足見閩南文化因素仍是主要因素。

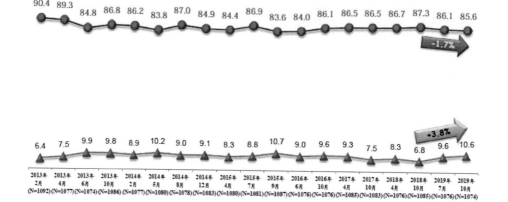

圖 10　中華民族認同變化曲線圖

資料來源：2019 臺灣民眾國族認同調查結果發佈記者會，會議手冊。

與「中華民族認同」相反的是，「中國人認同」不升反降（參圖11）。據民國 108 年（2019）的調查，有 47.7%臺灣民眾認同自己是中國人，較 107 年（2018）調查的結果減少 10.6%；不認同為中國人的比例是48%，較 107 年調查增加 11.4%，為歷次調查的最高點，不認同者還高出認同者 0.3%。

2019 年是個特殊的年份，「中國人認同」此類較為敏感的國族認同，受選舉氛圍及當時的國際環境、相關事件等的影響相當大，對比2018 年，「中國人認同」還能達到 58.3%，僅過了一年，就下滑約莫十個百分點。原因在於，2019 年初蔡英文操作「九二共識」等於「一國兩制」，讓臺灣人的國族認同開始出現變化，隨後香港發生「反送中」事件，讓「中國人認同」此類較為敏感的國族認同短期內發生較大的變

化，才會有這樣的調查結果。

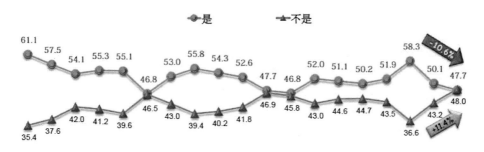

圖 11　「中國人認同」變化曲線圖(1)

資料來源：2019 臺灣民眾國族認同調查結果發佈記者會，會議手冊。

　　相較之下，與兩岸閩南文化高度相關的「中華民族認同」，因兩岸文化的密不可分、源出同種，還是較能維持長期的高度認同，足見文化因素在維繫認同的重要性。

　　不可忽略的是，「體驗」被運用於閩南文化的可能性將可成為文化傳承、經驗分享暨傳承、技藝重現、傳統文化內涵之保存等等的利基。原因在於，當代的資通訊科技發展已是一日千里，諸多項科技的發展，尤其是視覺上的，用於文化傳承、保存、交流、失傳文化與技藝之重現等等是完全可行的，甚有博物館早已使用相關科技，如在 2012 年英國倫敦科學博物館早已運用 AR 科技在博物館中，並邀請英國媒體 BBC 的主持人利用 AR 技術創建虛擬導覽解說員，只需打開手機、平板中的應用程式，並將手機的攝像頭對準標記的辨識圖後，螢幕上即會出現主持人的

影像進行講解,增添博物館導覽的互動性;而也有相關報導指出靜態展覽事物的 AR 運用,讓原本靜態的畫作、化石或是標本,運用 AR 技術搭配 3D 建模技術後,成為動態生動的畫作或立體書[17]。

承上,「體驗」之於創新閩南文化,拜現代科技所賜,變得越來越可行,甚或強化「體驗」的可行性之外,「體驗」的效果自是在強化的範圍之內,「情境」或是與「情境」相類似之事物越來越有可能利於重現閩南傳統文化,以讓兩岸的閩南文化得以交流與傳承。

第三節　閩南地區體驗式交流與文化認同

壹、定義閩南文化

究竟何謂閩南文化,必須要先對閩南文化有所定義或界定後,才有可能接著往下接軌到體驗式交流的部分。劉登翰〈論閩南文化──關於性質類型、型態、特徵的幾點辨識〉[18]一文提到,閩南文化大致上可以分成兩種類型:

閩南文化主要以中原文化為主體,隨著移民社會關係南遷,中原移民大多為閩南社會主要的人口,更為建構社會基礎及主要的發展,然而不論是閩南文化或者中原文化皆為大陸文化。

閩南文化就地理位置來說,以臨海地區為主要生活環境,且為大陸地區主要貿易及移民的必經,不論是貿易大港或者移民的遷出地。隨著

---

[17] 〈AR 擴增實境豐富導覽體驗　成為博物館新革命〉,2020 年 3 月 27 日。https://www.arplanet.com.tw/trends/artrends/arinmuseums/。

[18] 陳益源,《2011 成功大學閩南文化國際學術研討會論文集》(臺北:樂學書局),2013 年 07 月),頁 83-84。

臨海的地域關係，中原文化融入海洋文化，成為閩南文化。

　　而如果追溯歷史來看，漢人開始移民臺灣，至少可追溯到歷朝歷代，皆有大陸先民向臺灣小規模移民，比如先秦時期，東南沿海閩越族進入臺灣，逐漸繁衍根植，成為臺灣漢人先民的祖先；三國時代，大陸先民與臺灣（後世考據，史書稱的「夷州」應為今日的臺灣）往來日益頻繁，吳國丹陽太守沈瑩撰寫的《臨海水土志》溯及中國大陸臨海郡的百越民族和臺灣先民間同根同祖的關係，詳載兩族間相連的血脈情緣和社會習俗，而在唐宋時期，由於地理位置毗鄰，大陸移民從福建直渡臺灣開發寶島，當時福建仍是大唐江山，「唐山」成為海外閩南人的原鄉；元世祖末年設置澎湖巡檢司，是臺灣首次設置官署；1661 年明亡，客家、河洛移民接踵而至[19]。

　　明清時期則是閩南沿海移民大量移入臺灣的高峰，這也代表閩南文化正式在臺灣落地生根。楊國楨在《明清中國沿海與海外移民》一書中的說法提到，「中華民族的行程經歷過農業部族和海洋部族爭勝融合的過程，中華古文明包含了向海洋發展的傳統。在以傳統文明為基礎的王朝體系形成以後，沿海地區仍然繼承了海洋發展的地方特色。在漢族中源移民開發南方的過程中，強盛的農業文明，吸收涵化了當地海洋發展的傳統，創造了北方傳統社會有所差異的文化形式。南中國沿海地區，長期處於中央王朝權力控制的邊緣區，民間社會以海為田、經商異域的小傳統，孕育了海洋經濟和海洋社會的基因。」[20]這使得臺灣傳統的民間信仰崇拜媽祖（媽祖在歸類上，應屬「海神」），以及漳州、泉州、客家等族群具有地方、鄉土守護性的神祇，這更是注定了臺灣因閩南沿海的漢人大量移入臺灣後，臺灣的民間信仰及相關文化的豐富多元。

---

[19]　邊台歷史記憶資料庫，<https://www.mocsr.com/about.php>上網檢視日期，2020 年 12 月 8 日。

[20]　楊國楨，《明清中國沿海與海外移民》，(北京：高等教育出版)，1997 年 01 月，頁 1。

貳、閩南文化體驗式交流：赴陸經驗影響

　　臺灣因閩南沿海的漢人大量移入臺灣，使得閩南文化傳入臺灣，並於臺灣落地生根，同時也因為閩南沿海的漢人移民構築成臺灣移民的大宗，故閩南文化自然成為文化的主幹，閩南文化成為臺灣社會最為彰顯的文化。

　　根據臺灣競爭力論壇 2017 年 10 月所進行的調查，該單位曾經針對當時的臺灣及兩岸政治環境及相關之變遷，進行過相關變遷可能如何對兩岸關係造成影響的調查。

　　自 2016 年臺灣政黨輪替，民進黨及蔡英文上任以來，兩岸關係驟變，於馬英九政府時期平穩的兩岸關係急遽凍結，加上美國川普政府在美國國內乃至國際，大幅改變過去歐巴馬時期的和中路線，中美貿易戰就此開打，國際始瀰漫抗中氛圍。臺灣內部則因為特定媒體及立場人士的操作，一反馬政府時期的「和陸」路線，且受限於臺灣國際環境跟參與的窄化，臺灣在蔡英文的帶領下，只能選擇扈從美國，亦步亦趨的跟著川普的政策，站上抗中第一線，臺灣內部的兩岸閩南文化認同可能因此影響。

　　調查題目之一──「請問您在這五年內有沒有去過大陸？」，結果顯示，29.4%表示近 5 年有去過大陸，70.6%表示沒有或忘記了（參表 13）。

表 13　「請問您在這五年內有沒有去過大陸？」

選項	次數	百分比
有	318	29.4
沒有／忘記了	765	70.6
總和	1083	100.0

資料來源：臺灣競爭力論壇，《國族認同調查結果報告》，民國 106 年 10 月。

　　若從表 13 的內容進行更為廣泛跟深入的交叉分析（參表 14），大陸各省市族群表示近 5 年有去過大陸的比例為 48.0%最高，依序為本省客家（29.2%）、閩南族群（27.3%），而原住民／新住民／其他則有 16.3%。

　　再從年齡層面進行觀察的話，會發現 20 至 29 歲此區間過去 5 年內曾經去過中國大陸的比例最低，僅有 17.0%，而隨著年齡增長，過去 5 年內去過中國大陸的比例越高，如 30 至 39 歲區間為 26.5%；40 至 49 歲為 27.6%；50 至 59 歲為 33.4%；60 歲以上為 37.9%（最高）。

　　此外，從學歷觀察的話，學歷越低者過去 5 年內去過中國大陸的比例越低，如不識字／小學僅 20.6%；國中學歷者為 27.9%；高中學歷者 26.7%；專科學歷者為 27.3%；大學／研究所學歷者為 33.7%（最高）。

　　性別方面，則是男性過去 5 年內去過中國大陸的比例最高，為 29.7%；女性過去 5 年內去過中國大陸的比例為 29.0%。

表 14　「請問您在這五年內有沒有去過大陸？」交叉分析表

項目	類別	有（%）	沒有／忘記了（%）	總數	
				個數	列%
族群	本省客家	29.2%	70.8%	115	100.0%
	本省閩南	27.3%	72.7%	820	100.0%
	大陸各省市	48.0%	52.0%	115	100.0%
	原住民／新住民／其他	16.3%	83.7%	33	100.0%
年齡	20-29	17.0%	83.0%	182	100.0%

	30-39	26.5%	73.5%	215	100.0%
	40-49	27.6%	72.4%	208	100.0%
	50-59	33.4%	66.6%	206	100.0%
	60 歲以上	37.9%	62.1%	269	100.0%
學歷	不識字／小學	20.6%	79.4%	93	100.0%
	國中	27.9%	72.1%	82	100.0%
	高中	26.7%	73.3%	275	100.0%
	專科	27.3%	72.7%	150	100.0%
	大學／研究所	33.7%	66.3%	478	100.0%
性別	男性	29.7%	70.3%	533	100.0%
	女性	29.0%	71.0%	550	100.0%

資料來源：臺灣競爭力論壇，《國族認同調查結果報告》，民國 106 年 10 月。

　　臺灣競爭力論壇在 2017 年 10 月所進行的調查，集結為《國族認同調查結果報告》釋出，其採用的抽樣方法是以分層隨機抽樣抽取電話號碼，再由電話末 2 碼隨機抽樣，之後再將資料依照全國母體之性別、年齡、縣市進行反覆加權。故，具有一定之可信度及參考價值。

　　綜合來看，被稱為「天然獨世代」的年齡區間約會落在 20 至 29 歲年齡區間，即至少受過 15 年以上的臺灣主體性成分為重的課綱之教育，且所謂的兩岸文化認同或中華民族認同可能較低等，亦具有特定的政黨傾向，比如說，「天然獨世代」通常較有可能支持「以臺灣主體性為號召」的民進黨[21]。而 20 至 29 歲區間，過去 5 年內曾去過中國大陸的比例

---

[21] 此為筆者個人生活經驗觀察。民進黨的支持者通常較為年輕，且通常受過一定程度的臺獨課綱教育，這一群人也認同民進黨的理念，支持臺灣獨立或較為和緩但仍強調臺灣主體性的主張。

亦為最低，這意味著，在以臺灣競爭力論壇在 2017 年 10 月釋出之《國族認同調查結果報告》為依歸來進行判斷的情況下，臺灣的 20 至 29 歲這個年齡區間——或說這個世代，過去 5 年內去過中國大陸的比例很可能不到該區間的 2 成。換句話說，年輕世代實際上沒有跟中國大陸方面接觸過的比例是相當高的，跟大陸的接觸比如說參加文化交流活動、申請成為赴陸的交換學生、學術研討等等，沒有接觸某種程度就意味著「沒有交流」，更遑論「體驗」。

也就是說，「天然獨世代」認識中國大陸的管道很有可能看似多元而實則單一，如觀看特定臺灣媒體給予的中國大陸新聞，又或是只在聚集大量持有特定意識形態的論壇、社群媒體、批踢踢相互討論跟取暖，導致對中國大陸的認識逐漸窄化，甚至升級成「仇中」。

這種受媒體跟資訊影響所堆砌而成的「仇中」會反過來影響參與年輕世代體驗式交流或學習的意願，越不願意交流則越「仇」，越「仇」則越不願意交流，形成一種「壞循環」（bad circle）。

反觀年齡區間越高的群體，從 30 歲開始到 60 歲以上，過去 5 年內赴陸的比例是呈現曲線式成長，赴陸的理由可能有因為工作、家族因素、旅遊等，曾經造訪過中國大陸，才有可能進一步討論閩南文化的體驗式交流或學習，否則從未接觸過，談何體驗？又或是更前面的階段——認識？

而在學歷方面，亦可以發現學歷越高者過去 5 年內赴陸的比例越高，大學／研究所學歷者有高達 33.7%，某種程度表示，學歷越高者越有赴陸的偏好或傾向，同前述所言，有接觸才有可能談及體驗。不過，有趣的是，據臺灣競爭力論壇 2017 年 10 月釋出之《國族認同調查結果報告》的調查顯示，大學／研究所學歷者認為自己是基於共同血緣、歷史語言文化的中華民族一份子的比例還略少於專科學歷者（91.7%，最高）、高中學歷者（88.4%，第二高），大學／研究所學歷者為 87.0%。

　　承上，足見影響兩岸閩南文化認同的因素，仍有其他未被觀測到的，至於是何種因素，則有待後續研究，方可得知。

參、小結

　　綜合來看，是否有過赴大陸的經驗對於受訪者臺灣閩南文化認同的影響似乎有些「微妙」。原因在於，經由交叉分析比對後發現，年齡從20歲開始，至60歲以上，擁有過去5年內曾經赴陸的經驗是隨著年齡區間增加而遞增，學歷方面也同理（大學／研究所學歷者有高達33.7%）。

　　倘換個問題，如「中華民族具有共同血緣、語言歷史文化，請問您覺得自己是不是中華民族的一份子？」，大學／研究所學歷者為87.0%，為學歷類別中的第三高。

　　而同樣的問題「中華民族具有共同血緣、語言歷史文化，請問您覺得自己是不是中華民族的一份子？」，從年齡區間來看，根據臺灣競爭力論壇 2017 年 10 月釋出之《國族認同調查結果報告》的調查顯示，20至 29 歲認為「中華民族具有共同血緣、語言歷史文化，認為自己是中華民族的一份子」者，比例竟高達 92.3%，反而擁有 5 年內赴陸經驗比例最高的 60 歲以上僅有 83.6%。

　　另一方面，值得注意的是，若再換個問題為「請問您認為自己是不是『中國人』？」，根據臺灣競爭力論壇 2017 年 10 月釋出之《國族認同調查結果報告》的調查顯示，20 至 29 歲區間回答「是」者立即降低到25.3%，而 60 歲以上回答「是」者還有 57.5%。

　　在「請問您認為自己是不是『中國人』？」此項問題中，回答「是」者而有 5 年內赴陸經驗的受訪者有 65.6%，在此又彰顯出赴陸經驗的影響力。

　　是故，綜合上述，赴陸經驗的影響力相當「微妙」，有些問題可以

看出影響，而有些問題則可能成為反指標，顯見有其他更為重要的因素影響。

第四節　閩南地區體驗式交流與文化認同改變

認同改變，又可稱為「認同變遷」，變遷會受到某些短期的重大事件，或者是受到長期的情感依附或其他因素等影響。而臺灣的閩南地區體驗式交流文化認同改變，又高度與兩岸政治情勢連動，以及與臺灣社會氛圍當下之「對於中國的態度」有所相關。恰好過去 8 年裡，臺灣發生數次與「反中」、「仇中」的重大政治事件，或者是發生在臺灣外部，但對於臺灣的認同變遷（含括政黨認同、身分認同乃至文化認同）有所衝擊或影響的事件。

由於臺灣特殊的移民社會，以閩南地區的移民為主，閩南文化構成臺灣社會主流的文化認同之主體，某種程度而言，廣泛的「中華民族認同」在臺灣亦可化約成「閩南文化認同」，因閩南移民構成臺灣族群組成的主體。

數次與「反中」、「仇中」的重大政治事件對於「中華民族認同」衝擊雖有而不大，臺灣的「中華民族認同」根據調查，大體而言都是處於持平的狀態，更進一步的「身分認同」——「中國人認同」，對於臺灣人而言則是屬於敏感的議題。肇因於臺灣特殊的政治環境，身分認同常與「國家認同」有所連動，當某些政黨鼓吹國家的主體性轉變、國家名稱改變等，又或是強調特定身分才得生活在臺灣這塊土地，「中國人認同」則有可能受到擠壓或是形成一種整體的變遷，如統計上年年下滑或是波動劇烈等。

故以重大的政治事件作為分水嶺，檢視每個時間點的重大政治事

件，對於「中華民族認同」或是「中國人認同」的影響，以及後續如何變遷。

壹、重大政治事件的影響

　　本次挑選高度涉及到兩岸關係變遷，以及讓臺灣人高度關切，或者是炒出「亡國感」的五次政治事件，一是發生在 2014 年 3 月學生團體為抗議服務貿易協定而佔領立法院的「太陽花學運」，二是發生於 2016 年 1 月 15 日、馬習會不久後的「周子瑜被迫道歉事件」，三是 2018 年九合一縣市首長選舉中，由前高雄市長韓國瑜締造的「韓流」，四是 2019 年 3 月至 6 月的香港「反送中」運動，五是中國國民黨提名遭臺灣社會質疑親共色彩濃厚的退將吳斯懷。

　　短期的高強度政治事件，可促使「認同變遷」有所波動，所以檢視相關的調查數據配合當年的重大政治事件，予以一同檢視乃有所必要。

一、重大的政治事件影響：認同變遷

　　此處切了幾個時間點，以利檢視重大的政治事件之於認同變遷的影響（參表 15）。

　　在 2014 年 3 月太陽花學運發生時，中華民族認同為 83.8%，下滑 2.4%，而中國人認同為 46.8%，下滑 8.3%。

　　2016 年 1 月，發生周子瑜道歉事件[22]，中華民族認同為 84.0%，增加 0.4%；中國人認同為 46.8%，下滑 0.9%。

　　2018 年下半年，韓流席捲全臺，中華民族認同為 87.3%，下滑

---

[22] 中時新聞網，《周子瑜憔悴道歉：為自己是中國人而感到驕傲》，<https://www.chinatimes.com/realtimenews/20160115006013-260404?chdtv>，2016 年 1 月，上網檢視日期，2020 年 12 月 8 日。

0.6%；中國人認同為 58.3%，上升 6.4%。

　　2019 年 3 至 6 月，香港發生反送中事件，中華民族認同為 85.6%，下滑 0.5%；中國人認同為 47.7%，下滑 2.4%。於此同時，值得注意的是，反送中事件後是首度認為自己不是中國人超越「認為自己是中國人」（48.0%）。

表 15　重大的政治事件影響：認同變遷整理表

時間	事件	調查時間	中華民族認同（%）		中國人認同（%）		「是」較上一期上升／下降（%）	
			是	不是	是	不是		
2014 年 3 月	太陽花學運	2014 年 5 月	83.8	10.2	46.8	46.5	-2.4	-8.3
2016 年 1 月	周子瑜道歉事件	2016 年 6 月	84.0	9.0	46.8	45.8	0.4	-0.9
2018 年 下半年	韓國瑜「韓流」	2018 年 10 月	87.3	6.8	58.3	36.6	0.6	6.4
2019 年 3 月至 6 月	香港反送中	2019 年 10 月	85.6	10.6	47.7	48.0	-0.5	-2.4

資料來源：表格為作者自行製作：整理自臺灣競爭力論壇學會，2019 臺灣民眾國族認同調查結果發佈記者會，會議手冊。

　　如果再次將中國人認同從 2013 年 2 月至 2019 年 10 月的變化曲線圖（參圖 12）進行檢視，不難發現每當屆臨重大選舉，選舉年當年或選舉

年之前夕都有可能發生重大的政治事件，進而影響當時的選舉。除此之外，亦會對認同變遷造成影響，如 2014 年太陽花學運、2016 年 1 月周子瑜道歉事件、2019 年 3 月至 6 月的香港反送中事件，從中國人認同的調查數字可以看出，每當遇到此類可以激發臺灣人「反中」、「抗中」、「仇中」的事件，中國人認同所受的影響也最大。尤其是 2019 年 3 月至 6 月的反送中事件發生後，調查是首度認為自己不是中國人超越「認為自己是中國人」。這部分與 2019 年被臺灣年輕人在網路上大炒的「芒果乾」（借代為「亡國感」）有關[23]。

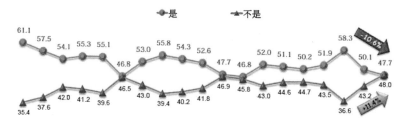

圖 12　「中國人認同」變化曲線圖(2)

資料來源：2019 臺灣民眾國族認同調查結果發佈記者會，會議手冊。

　　接在香港反送中事件之後，國民黨接著發生不分區立委名單出現爭議人選吳斯懷，當時的臺灣社會的亡國感又被催化到更高的情形，時有「下架吳斯懷」的社會訴求[24]。若當時進行中華民族認同或中國人認同的

[23]　上報，《臺灣最近流行「芒果干」亡國感》，<https://www.upmedia.mg/news_info.php?SerialNo=74434>，上網檢視日期：2020 年 12 月 8 日。

[24]　新頭殼 newtalk，《怎麼看「下架吳斯懷」？吳斯懷：不像選舉了》，<https://newtalk.tw/news/view/2019-12-19/342605>，上網檢視日期：2020 年 12 月 8 日。

調查，調查數據不無可能受到相關政治事件的影響，讓相關認同統計有所下滑。

廣泛的中華民族認同所受影響不大，因兩岸的文化具有高度相似性，閩南文化成為此種廣泛的民族認同維繫的橋樑。而指涉更為敏感的身分認同——中國人認同便容易受到重大政治事件的影響，而有短期的劇烈衝擊。

貳、小結

臺灣為一個移民社會，且以閩南地區沿海的移民為主，故閩南文化構成臺灣文化的主體。閩南文化認同與中華民族認同高度相關，中華民族認同因臺灣特殊的閩南文化緣故，化約成閩南文化認同亦可，民族認同本就包含一定程度的文化認同。

在本節中，會發現在臺灣，重大的政治事件會造成一定程度的認同變遷，尤其是涉及敏感的身分認同。臺灣的中華民族認同是建立在閩南文化之上，臺灣社會隨處可見閩南文化的深遠影響，廟宇祭祀、祭祀先祖、歡慶中國傳統節日等，都是源於中國大陸的傳統文化之一。臺灣的中華民族認同由於奠基於閩南文化，故並不受政治事件的衝擊，而有劇烈的變動。

反觀中國人認同此類的身分認同，受重大的政治事件影響甚大，這可能源於臺灣人自始至終仍未「思考清楚」自己究竟是誰。此外有趣的是，根據 2019 年的調查（參圖 13），對於「有人在臺灣堅稱自己是臺灣人，不是中國人，但到大陸訪問、辦活動、做生意，卻又宣稱自己是中國人」的現象，54.5%的民眾認為這是「面對現實，可諒解」的行為，較 2018 年調查減少 0.9%；認為此種「兩面人」作法是「沒原則，該批評」的民眾有 31.5%，2018 年調查增加 2.2%。

倘若將 2014 年太陽花學運跟 2016 年周子瑜道歉事件一同放進去檢視之，不難發現在 2014 年 5 月和 2016 年 6 月所為的調查，認同這種「兩面人」的比例都呈下降。而在 2018 年下半年韓流發酵的時候，2018 年 10 月所做的調查中，認同「兩面人」的比例則又上升。值得注意的是，2019 年 10 月所進行的調查呈現的卻是上升，當時正值「芒果乾」盛行的時候，之所以如此，不外乎早已有感於兩岸關係凍結、臺灣經濟前景不明等，認同「兩面人」的比例才有所上升。這種情況某種程度代表，在兩岸凍結的情況下，閩南文化仍有可能作為連結兩岸的關聯，持續推動兩岸交流，這就與體驗式學習或體驗式交流的內涵相類似，原因在於體驗重在「相互了解」，有了過往的交流，才有在凍結的情況下，尚有一絲暖流流過促進兩岸持續交往的可能。

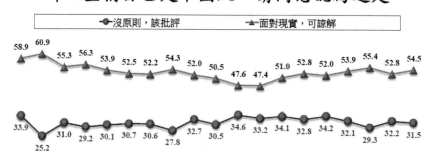

圖 13　「有人在臺灣堅稱自己是臺灣人，不是中國人，但到大陸訪問、辦活動、做生意，卻又宣稱自己是中國人」曲線圖

資料來源：2019 臺灣民眾國族認同調查結果發佈記者會，會議手冊。

　　大陸委員會曾進行過針對臺灣民眾對於「兩岸交流速度看法」之調查（參閱圖 13）。作為兩岸進行文化交流有助於兩岸和平穩定的佐證，比較臺灣在不同的兩位總統及執政黨執政時期，臺灣民眾對於兩岸交流速度的看法亦截然不同。在馬英九／國民黨時期，調查顯示的時間是 2010 年 12 月至 2016 年 3 月，兩岸交流往來密切，除了經濟層面外，社會暨文化交流亦來往頻繁，兩岸呈現穩定局面。

　　對比臺灣民眾看待兩岸交流速度，會發現在馬英九／國民黨執政時期，認為兩岸交流速度「剛剛好」的民眾約在 39%至 47%上下波動。在 2016 年 3 月所為的調查中，認為「太慢」的受訪者達到 21.0%，此為馬英九／國民黨時期最高的時候。

　　到了蔡英文／民進黨執政時期，始自 2016 年 8 月的調查，認為兩岸交流「太慢」的受訪者一口氣攀升到 33.7%，在 2017 年 6 月的調查中，更是來到 45.0%，為蔡英文／民進黨執政時期最高的調查數字。儘管蔡英文／民進黨的兩岸政策完全相異於馬英九／國民黨，即便到了兩岸關係最低點的時候[25]，2020 年 3 月的調查結果仍顯示，認為兩岸交流速度太慢的比例仍有 26.6%。此項調查結果顯示，臺灣民眾對於兩岸交流仍有一定的期待。

表 16　民眾對兩岸交流速度看法調查（單位：%）

日期	太快	剛剛好	太慢	不知道	總統	執政黨
2010.12	35.8	43.6	12.2	8.4	馬英九	國民黨
2011.5	32.6	46.1	13	8.3	馬英九	國民黨

---

[25]　自由時報，《外交發言人開戰：美提臺灣去年警示 控中國隱匿疫情》，<https://news.ltn.com.tw/news/world/breakingnews/3110222>，2020 年 3 月，上網檢視日期：2021 年 06 月 06 日。

日期	太快	剛剛好	太慢	不知道	總統	執政黨
2011.9	29.5	46.4	14.4	9.7	馬英九	國民黨
2011.11	25.7	48.1	12.9	13.3	馬英九	國民黨
2012.3	32.6	45	11.9	10.5	馬英九	國民黨
2012.8	28.8	42.4	16.6	12.2	馬英九	國民黨
2012.11	31.7	39.8	17.8	10.7	馬英九	國民黨
2013.3	31.0	45.2	13.2	10.6	馬英九	國民黨
2013.7	34.9	41.5	11.6	12.1	馬英九	國民黨
2013.12	36.3	37.1	15.8	10.8	馬英九	國民黨
2014.3	31.3	44.8	14.2	9.7	馬英九	國民黨
2014.7	36.8	36.4	14.7	12.2	馬英九	國民黨
2014.12	28.6	37.8	16.8	16.8	馬英九	國民黨
2015.3	30.6	38.4	19.3	11.8	馬英九	國民黨
2015.7	29.1	44.8	15.4	10.6	馬英九	國民黨
2015.11	25.8	41.5	19.5	13.2	馬英九	國民黨
2016.3	21.5	45.1	21.0	12.4	馬英九	國民黨
2016.8	12.6	39.6	33.7	14.1	蔡英文	民進黨

日期	太快	剛剛好	太慢	不知道	總統	執政黨
2017.1	12.8	37.6	34.7	14.9	蔡英文	民進黨
2017.6	6.7	31.3	45.0	17.0	蔡英文	民進黨
2017.11	8.5	36.3	40.8	14.4	蔡英文	民進黨
2018.4	9.3	34.7	43.4	12.7	蔡英文	民進黨
2018.8	8.4	35.1	42.9	13.5	蔡英文	民進黨
2018.11	10.0	33.0	39.7	17.2	蔡英文	民進黨
2019.3	11.9	41.7	32.3	14.1	蔡英文	民進黨
2019.8	11.9	42.3	28.7	17.2	蔡英文	民進黨
2019.10	10.5	38.7	32.0	18.8	蔡英文	民進黨
2020.3	12.9	45.1	26.6	15.4	蔡英文	民進黨

資料來源：大陸委員會「民眾對當前兩岸關係之看法民意調查：民眾對兩岸交流速
　　　　　度的看法」

　　根據陳孔立教授的〈推進兩岸文化融合的思考〉一文指出，「從文
化衝突來看，文化衝突是文化融合的前奏，有衝突就需要融合」[26]。事實
上，兩岸的文化在經歷分至六十餘載後，不光政治經濟層面，文化亦已
出現巨大分歧。有巨大分歧的情況下進行交流，出現文化衝突在所難
免，正因有交流才有衝突，故才說文化衝突是文化融合的前奏。前頭篇

[26]　陳孔立，〈推進兩岸文化融合的思考〉，《臺海研究》，2018 年，第 2 期，頁 56。

幅亦有提到，所謂文化交流也是一種價值觀的相互流動，文化交流了，才有可能消弭兩岸的政治分歧以及更為深層的認同分歧。

比如陸委會曾經進行我國民眾如何看待中國大陸對於臺灣的「不友善態度」調查（參表 14）。馬英九／國民黨執政時期，應屬客觀公認兩岸交流最頻繁、兩岸臺海情勢最穩定的時候。

根據調查結果顯示，可以導出一個結論：兩岸交流越密切，兩岸敵意越薄弱。

結果指出，臺灣民眾認為大陸對我國政府不友善的最低數字出現在 2011 年 11 月的調查，有 45.5%的受訪者認為大陸對我國政府不友善（此為馬英九／國民黨執政時期）。而在馬英九／國民黨執政時期，認為中國大陸對臺灣人民不友善的最低調查結果出現在 2013 年 7 月所做的調查，為 40.4%。

客觀而言，綜觀整份我國陸委會的調查，認為中國大陸對臺灣人民不友善的最低調查數字出現在蔡英文／民進黨執政時期，為 2018 年 11 月所為的調查，調查結果是有 40.0%的受訪者認為中國大陸對臺灣人民不友善。與此項數字形成強烈對比的是，同一時間點的調查中，認為中國大陸對中華民國政府不友善的受訪者有 62.8%。或許可以解讀成，受訪者認為，中國大陸的不友善並非針對臺灣人民，而是針對蔡英文／民進黨政權。當時的時空背景有著韓國瑜掀起的「韓流」以及「討厭民進黨」的社會氛圍。

此外，從我國陸委會所為的調查來看，自 2019 年 3 月起，臺灣民眾對於中國大陸對我國政府不友善／對臺灣人民不友善的調查數字快速上升，2020 年 3 月的調查結果顯示，竟有高達 76.6%的受訪者認為中國大陸對我國政府不友善，有 61.5%的受訪者認為中國大陸對臺灣人民不友善，皆為歷年調查之最。

表 17　民眾認知大陸對臺不友善態度調查（單位：%）

日期	對我國政府不友善	對臺灣人民不友善	總統	執政黨
2010.12	51.6	48.3	馬英九	國民黨
2011.5	53.6	44.7	馬英九	國民黨
2011.9	51.5	41.5	馬英九	國民黨
2011.11	45.5	40.8	馬英九	國民黨
2012.3	49.7	45.7	馬英九	國民黨
2012.8	54.7	46.4	馬英九	國民黨
2012.11	52.2	44.4	馬英九	國民黨
2013.3	51.9	43.9	馬英九	國民黨
2013.7	48.0	40.4	馬英九	國民黨
2013.12	56.8	44.9	馬英九	國民黨
2014.3	50.8	42.8	馬英九	國民黨
2014.7	56.1	50.3	馬英九	國民黨
2014.12	55.5	48.3	馬英九	國民黨
2015.3	57.1	47.3	馬英九	國民黨
2015.7	56.7	48.8	馬英九	國民黨
2015.11	51.2	46.9	馬英九	國民黨
2016.3	59.3	50.6	馬英九	國民黨
2016.8	60.7	42.7	蔡英文	民進黨
2017.1	68.9	49.5	蔡英文	民進黨
2017.6	64.4	45.8	蔡英文	民進黨

日期	對我國政府不友善	對臺灣人民不友善	總統	執政黨
2017.11	60.1	41.0	蔡英文	民進黨
2018.4	57.0	40.9	蔡英文	民進黨
2018.8	65.1	41.0	蔡英文	民進黨
2018.11	62.8	40.0	蔡英文	民進黨
2019.3	60.9	45.6	蔡英文	民進黨
2019.8	65.5	51.4	蔡英文	民進黨
2019.10	69.4	54.6	蔡英文	民進黨
2020.3	76.6	61.5	蔡英文	民進黨

資料來源：大陸委員會「民眾對當前兩岸關係之看法民意調查:民眾認知大陸政府對我不友善態度」

　　作為前述談及兩岸文化交流的佐證，在此引用陸委會所為之中國大陸人民來臺從事文教交流的統計調查（參表 15）。為統一比較標準及比較方便性，以 2008 年第四季至 2020 年第四季為比較的時間序段。

　　在馬英九／國民黨執政時期，起自 2008 年第四季至 2013 年第四季，中國大陸人民來臺從事文教交流的申請數、核准數及入境數皆快速提升。到了 2014 年第四季及 2015 年第四季卻驟減，原因或可歸咎於當時兩岸氛圍的變化，如 2014 年 3 月發生太陽花學運，臺灣出現反思兩岸交流頻繁的聲音，這種情況延續到 2015 年至 2016 年臺灣總統大選前夕。

　　時至蔡英文／民進黨執政時期，中國大陸人民來臺從事文教交流的申請數、核准數及入境數逐年遞減，2019 年第四季兩岸還能正常交流、2020 年新冠肺炎疫情發生而兩岸完全封境（至今仍未解除）之前的歷年最低，顯見兩岸的文教交流在疫情發生前即已出現凍結，申請數僅達

2008 年第四季的四分之一。

表 18　中國大陸人民來臺從事文教交流統計表（單位：人次）

時間	申請數	核准數	入境數	總統	執政黨
2008.Q4	13,194	13,242	11,723	馬英九	國民黨
2009.Q4	18,107	17,287	17,604	馬英九	國民黨
2010.Q4	26,442	23,595	21,710	馬英九	國民黨
2011.Q4	28,622	27,632	24,240	馬英九	國民黨
2012.Q4	28,270	25,437	21,200	馬英九	國民黨
2013.Q4	28,541	26,001	19,751	馬英九	國民黨
2014.Q4	9,339	6,820,	414	馬英九	國民黨
2015.Q4	9,500	6,995	363	馬英九	國民黨
2016.Q4	7,492	5,733	370	蔡英文	民進黨
2017.Q4	5,656	4,041	406	蔡英文	民進黨
2018.Q4	3,963	2,935	385	蔡英文	民進黨
2019.Q4	3,325	2,560	1,021	蔡英文	民進黨
2020.Q4	1	1	1	蔡英文	民進黨

資料來源：大陸委員會　「中國大陸人民來臺從事文教交流統計」

　　不過，縱然中國大陸疫情已經趨緩，兩岸交流仍不見解封的跡象，

著實令人擔心兩岸難迎「春暖花開」的那天[27]。

　　事實上，臺灣早期移民來自大陸福建閩南沿海，故臺灣跟大陸閩南地區存有相當程度的文化相似性。在相似的文化之下，兩岸因而具有相似的文化符號、文化象徵跟「文化習慣」，比如兩岸共同的祭祀文化。

　　兩岸共同的姓氏文化及其同宗祠廟的祭祀禮儀，是最容易被接受的共同部分，兩岸家族移民與共姓聯宗普遍存在於臺灣與大陸閩南之間，而這種基於血緣的社會組織（基於血緣的初級團體）通常具備牢固的凝聚力。家族的流動與遷徙，自然形成跨地域空間的血緣社會關係網絡，通常閩南家族遷臺後，與內地族人的血緣親屬關係並未因移徙而隔斷，附隨於血緣相關的種種要素都成為跨越地緣「共祖認同」的「共通性標識」[28]。

　　這類兩岸共同具有的文化元素，往往可以在文化交流過程中起到一定作用。陳孔立教授提出「文化雜交論」，他認為，兩岸在影視、文學、學術等各方面，甚至包含更為具體的志工合作，兩岸都有所交流，儘管臺灣會有認為大陸文化傳進臺灣，是大陸要對臺灣進行「文化統戰」的懷疑，不過他仍然認為，文化雜交可能出現不少共同語言，達成不少新的共識，增進相互理解。[29]

　　陳孔立教授進而指出，把福建作為發展兩岸文化雜交的重點地區，會收穫更為顯著的成果。文化碰撞、文化雜交可以帶來文化創新、文化認同，起到潤物細無聲的作用。這樣的過程，應可透過流行文化的交流

---

[27]　中央社，《邱太三履新陸委會主委期待兩岸春暖花開「務實判斷未來交流」》，<https://www.cna.com.tw/news/firstnews/202102230063.aspx >，2021 年 2 月，上網檢視日期，2021 年 06 月 07 日。

[28]　陳惠蘭、王建紅，〈閩台共同歷史敘事與兩岸青少年文化認同〉，《閩南師範大學學報》，2017 年，第 4 期，頁 128。

[29]　陳孔立，〈兩岸文化雜交：現實與聯想〉，《同舟共進》，2017 年，第 6 期，頁 78-79。

來達成[30]。

　　陳孔立教授所言，亦是本文以閩南文化作為研究主體的原因。原因仍舊在於，臺灣早期移民主要來自福建沿海，移民先人所帶來的文化自然是福建沿海一帶的地方文化，來到臺灣落地生根，臺灣的神祇祭祀、宗族觀念等幾乎皆承襲自福建沿海。是故，倘若將福建作為臺灣或整個兩岸交流的重點地區，實際上亦是在找尋落地臺灣的閩南文化之根，更利於兩岸的文化交流。同時因為兩岸的文化相似性，進行體驗式交流相關的活動、或融入體驗式交流、體驗式學習的相關元素時，將更為容易吸引學子沈浸當中。

　　比如在某些兩岸共同舉辦或由閩南當地相關單位主辦的兩岸青年交流活動中，相關成果報告皆提到，體驗式交流有兩點必須注意，也尤為重要，一是臺灣青年需融入大陸裡面。二是要互動，而非單方面的接受。既然說是交流，那麼這樣的往來必是雙向，哪怕雙方的交流過程難免會有碰撞，最後若要達到交融，碰撞便是不可避免的過程。

　　最怕的是，雙方都不再交流的時候，兩岸便只剩各種的臆測。因而會有雙方敵意升高，或依據中國大陸官方單位的官方說法，單方面認為兩岸敵意升高（參表 14）。不交流焉能知道是真實的敵意，還是「被誤解的敵意」，故兩岸文化交流，尤其是臺灣與閩南之間的文化交流有助於兩岸和平穩定，不應隨意中斷。

---

[30]　陳孔立，〈兩岸文化雜交：現實與聯想〉，《同舟共進》，2017 年，第 6 期，頁 80。

第五章　體驗式交流對文化認同的影響

　　兩岸歷經分治數十載，在臺獨課綱的教育下，臺灣年輕人遂成所謂的「天然獨」世代。陳水扁政府時期將臺灣的教育課綱調整成「以臺灣主體意識為重」的方向，並強調臺灣本土化及鄉土意識，由此開始撰寫課本內容；到了馬英九政府時期，馬英九政府也未對有關的臺獨課綱有較大規模的調整，原本馬英九第二任期終於打算調整課綱，拉高歷史科目的中國史比重，結果遭到反對學生激烈抗議，更指馬英九的做法乃是搞「洗腦教育」，最後，調整課綱一事不了了之。

　　隨後，到了近期的蔡英文執政，不僅大幅度降低中國史比例，大幅度拉高臺灣史比例外，更將民進黨的政要若干人等，納入教學內容之中，儼然形成「民進黨的黨國教育」。在這種綠色教育的影響下，臺灣人的閩南文化認同是否因此遭到解構，會是觀察分析跟調查的重點，比方說知不知道臺灣民間廣為流傳的信仰，如媽祖崇拜、關聖帝君崇拜或是其他來自中國大陸，臺灣多數的神祇崇拜是源自中國大陸的閩南沿海地區；或者是知不知道臺灣習以為常的風俗習慣、文化風情等，是來自中國大陸的閩南沿海或其他地區。諸如此類的問題，便能測試出受訪者的文化認同程度。

　　那些曾經在中國大陸福建省(閩南地區)旅遊、求學或者工作的青年們，是否會因為親自體驗、用手觸摸，進而感受閩南文化的溫度，產生文化認同呢？兩岸部分文化交流活動雖然存在太多政治目的，也存在許多偶然與不連續性，讓兩岸文化交流僅能爆發出瞬間的火花。不過，有些研究仍認為，透過社會接觸與交流，會讓接觸雙方降低彼此歧視；透過兩岸人民不斷地交流與接觸，同樣可以建立兩岸人民間的友誼關係。

因臺灣民進黨執政後的刻意「去中國化」，在臺灣部分相關學術調查發現，臺灣青少年對大陸「他者」定位，已形成刻板印象，且多是負面的，從而形成偏見與歧視。這種偏見認知主要是對大陸瞭解不足、觀感不佳、顧慮深重。不過，這群人主要特點往往缺少社會經驗，感性用事大於理性思考，所以在兩岸關係認知與對大陸的身份認同上，感性用事大於理性，透過體驗或接觸方式，應該有機會改變他們的認知與態度。

　　大陸「以文化人」的對臺政策，在文化接近性高的閩南地區，透過大量的文化接觸，應該會對臺灣年輕人在文化認同上有所成效。誠如上述論點，良好的文化互動，有助於兩個群體破除因相互不瞭解所致之誤會。文化接觸與大量的社會交流，應該會讓接觸雙方降低彼此歧視。所以，本書基於前述框架與思路，針對研究對象進行焦點訪談，試著從訪談過程中釐清文化接近性、文化接觸與文化認同三者變項間關係。簡言之，回到本書問題所述，任何一項政策都應該有檢驗機制，大陸「以文化人」的對臺政策是否適合臺灣年輕人？邀請大量臺灣年輕人來大陸福建省參與文化接觸活動，或者用手感受閩南文化的接近，能否真正改變臺灣青年對大陸態度與印象嗎？透過文化接近性的大量交流活動，利用文化資源善盡各種文化體驗，最後形成文化認同，這推論是否科學，更是本書另一項的關注重點。

　　歷經總計 20 年的「去中國化」教育（2000 至 2020 年），2000 年之時 20 歲的臺灣年輕世代至今也已 40 歲，加上如今的 20 歲青年世代，受天然獨教育的影響究竟多深？這也必然多少導致臺灣青少年對閩南文化之認同情況不佳。不過，個人認同到社會認同、文化認同是屬於心理層面的發酵與成長，除了教育環境之外，該青少年本身的個人背景、教育程度或同儕等，都是可能的影響因素。

第一節　研究方法與數據分析

　　本次調查採用先質化後量化兩種研究方法進行。先透過焦點團體訪問法（focus group）詳細紀錄，再透過內容分析進一步編碼後，然後，利用數據統計的結果進行分析推論。完善的準備工作是焦點團體訪問好是否成功的關鍵。本次研究前後進行六場焦點訪談，每場均邀請曾經去過兩岸交流的受訪者(曾經去過大陸的背景相同)，在由一位受過良好訓練的專業人士(福建省閩南師範大學新聞傳播學院陳建安副教授)主持，在進行焦點團體訪問時，營造出自在的團體互動氣氛，俾便參與者可以暢所欲言，激盪出內心的想法、經驗與觀點。

　　這六場焦點訪談受邀參加的數量，也均符合研究方法中規定，這六場焦點訪談大都以 6 至 8 名為限進行。焦點團體訪談自 2020 年 9 月 4 日開始連續六場，分別是 9 月 4 日、9 月 11 日、9 月 18 日、9 月 25 日、10 月 2 日與 10 月 9 日共計六場，每場至少相隔一周，以利整理訪談內容與資料。這六場焦點團體訪談均是利用臺北市新生南路臺灣大學附近的西雅圖咖啡廳裡獨立包廂進行訪談，具體時間與訪談人數，請參考表 19。另外，為求能夠覆蓋整個臺灣地區的同質性受訪者，特別依照臺灣北、中、南、東四區進行邀約受訪者，以期待整個研究受訪對象較為全面。該受訪者出席焦點訪談活動，會依其所在地區支付其車馬費，以提高受訪者前來參與焦點訪談意願。

表 19　問卷地區場次分布數量情形

受訪人員 分布區域	焦點訪談日期	北部	中部	南部	東部	離島
第一場	九月四日	8	2	2	2	1
第二場	九月十一日	4	2	2	2	0
第三場	九月十八日	4	1	1	1	0
第四場	九月二十五日	4	1	3	1	0
第五場	十月二日	2	1	4	1	1
第六場	十月九日	2	3	4	1	1
合計	六場	24	10	16	8	3
備註	六場舉辦地點：106 臺北市大安區新生南路三段 88 號 每場起訖時間：開始 14：30，結束 17：00，二小時又三十分					

第二節　交流體驗前對閩南文化認同說明

　　參加六場焦點團體訪談的六十一位受訪者，在年齡上符合本書對臺灣年輕人的定義，主要年紀分布在 20 歲以上，50 歲以下曾經到過大陸地區的青年族群。其中以 31-40 歲受訪者佔 49%，21-30 歲佔 23%，兩者相加超過 72%，相當符合本書對於受訪年輕人的定義，詳情請見下圖。

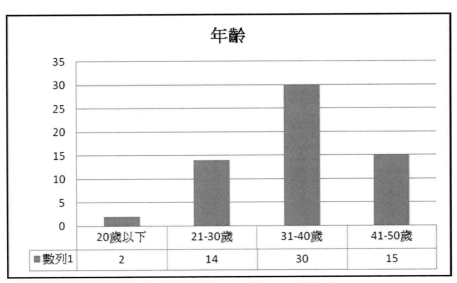

圖 14　「受訪者年齡比例」長條圖

　　在性別部分，本次研究的受訪者男性居多，佔 69%長度較長那條；女性偏少，僅 31%，詳情請見下圖。

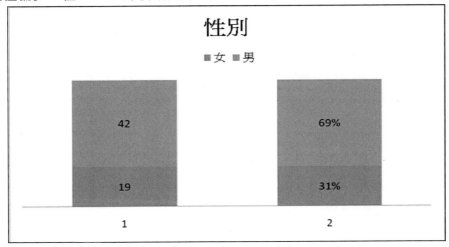

圖 15　「受訪者性別比例」長條圖

在受訪者的地理區域分布上，以臺北市受訪者最多，共有 15 位，緊接著是高雄市(10 位)、臺中市(6 位)、新北市(5 位)、臺南市(5 位)、桃園市(4

位)與彰化縣(4 位)等。

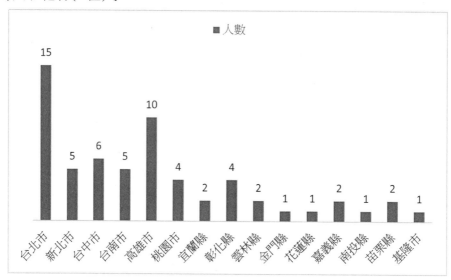

圖 16　「受訪者居住地區」長條圖

　　大陸交流的臺灣年輕人教育程度，則以碩士與大學學歷的居多，分別為 35%、31%，其次為高職(18%)、博士(16%)。請詳見下表。

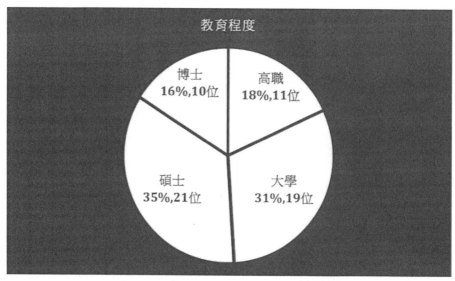

圖 17　「受訪者教育程度」圓餅圖

壹、受訪者本身祖籍認同

　　在臺灣，「閩南」早已超逾地域、文化，更成為一種意識形態。這種「沒有認同的祖籍」現象的原因歸結為統「獨」意識形態下，祖籍認同、身份認同的分裂。簡單說，就是兩岸現狀下，在不少「臺灣意識」高漲的臺灣年輕人看來，承認自己祖籍是大陸，好像就自然被「統戰」了。與其說「閩南」在臺灣成為了意識形態，倒不如說「閩南」兩字被抽離了原有的時空背景而空心化了，這使得臺灣年輕人根本沒去過大陸，卻對大陸產生負面的刻板印象。誠然大陸和臺灣都有「閩南」兩字，但若不結合歷史和現實，臺灣年輕人很容易將「閩南」的真正意涵與概念錯置。本書因而想要瞭解，透過體驗式文化交流是否真能喚醒臺灣人的共同記憶。本書針對受訪者本身是否清楚其祖籍是否來自閩南或大陸其他地區，以及是否曾經與其長輩返回大陸探親兩項題目進行焦點深度訪談。

　　在 Q1-1 中，有超過半數以上比例的受訪者(67%、47 位)未曾跟祖父母返回大陸探親過，但仍曾經赴陸參訪或旅行；僅 15%(9 位)受訪者曾經與祖父母、家人返回大陸探親；至於回答不清楚18%(11 位)的受訪者則表示，未曾與祖父母或家人返回大陸探親，但曾赴大陸參訪或者旅行，所以回答不清楚。

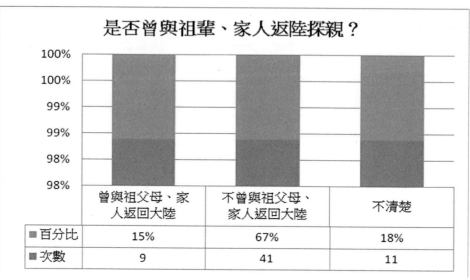

圖 18　「Q1-1.您是否曾經與您祖父母回去大陸探親？」長條圖

　　另外，在 Q1-2 的調查中，僅有 15%的受訪者清楚知道自己的祖籍來自於廈門、泉州、漳州，或者非閩南地區的福建省，以及大陸其他地區，但仍有超過 77%以上的受訪者，根本不清楚自己的祖籍來自於哪裡？詳細請見下圖說明。

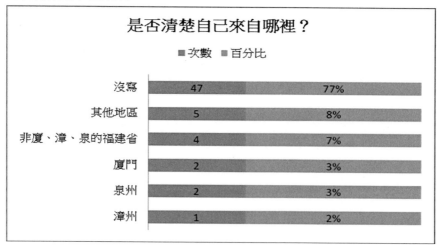

圖 19　「Q1-2.您的『是』來自哪裡的？」橫條圖

　　經過 Q1-1 與 Q1-2 交叉比對後，發現清楚知悉自己祖籍的臺灣年輕人們，其中以那9位曾陪伴祖父母回大陸探親，所以清楚知悉祖輩是來自廈門、泉州、漳州或在福建省其他市縣。其中受訪者 04 表示：「對岸的親戚有來臺灣，也有交換 wechat，所以還是會有同根同源的感覺。」另外，受訪者 11 也表示：「祖上來自泉州晉江，和泉州親戚有同根同源的接近感。經常出差廈門，相同的閩南語，飲食和社會習俗相近。」至於，回覆其他地區的 5 位(8%)或不清楚 47 位(77%)，經過再度深入訪談得知，其他地區受訪者表示，清楚自己祖父母輩來自大陸地區，但忘記哪個省分；至於回覆不清楚的受訪者，表示自己曾在小時候或者被父母告知祖輩來自於大陸地區，或本身自我感覺可能是來自大陸，但因沒有實際返回大陸探親或者祭祖，所以，只好回覆不清楚。

貳、對閩南文化的認同

　　臺灣閩南人是臺灣最大的族群，主要文化習俗為閩南文化的臺灣漢人，母語為閩南話。閩南地區濱海面山耕地少，明朝末年以來，已經出現人口過剩的現象，掀起移民海外的潮流，因此出現「第一好過番，第二好過臺灣」的俚語。「過番」意指出海南洋，「過臺灣」則是不顧禁令，冒險強渡黑水溝，只因「為著顧三餐」、「為著顧嘴空」。事實上，閩南人士源自中原，自古以來，富涵移民他鄉的冒險患難性格。因此，中原移民閩南之後，因地制宜，靠山吃山，靠海吃海，在地生根。然而承平多年、食指繁盛之後，原本農漁生產已經難以負荷，故而再度展開移民之旅，自然也就帶著閩南地區的飲食文化，從唐山到南洋，從唐山到臺灣。

　　臺灣傳統建築大多是原鄉閩南風格，主要構造為磚厝、土埆厝、石厝、架筒厝、柱仔腳厝等。其中，常見的紅磚紅瓦，源自泉州一帶民居

的「紅磚文化」，畢竟紅色討喜吉利。以建築形制而言，臺灣傳統閩南住宅格局多元，但以三合院為最普遍，從一條龍到多院落、多護龍的三落大厝、五落大厝 。除此之外，閩南建築多裝飾，裝飾多寓意，寓意多吉祥，從而形成「圖必有意、意必吉祥」的吉祥圖示文化。此外，臺灣的閩南移民，除了帶來原鄉的文化和語言，也伴隨著許多民間戲曲、音樂。這些移民以原本的同鄉關係為中心，結合各種戲曲社團，形成新的互助團體，如以「堂」、「社」為名的北管子弟館閣便屬一例。傳統戲曲如南北管、布袋戲、歌仔戲、皮影戲、褒歌、唸歌等，在臺灣早期農業社會中扮演寓教於樂的角色，不論是婚葬喜慶等生命禮俗，抑或是神明誕辰、廟宇慶典等宗教信仰活動之中，既是必備的娛樂項目，也承載著教忠教孝等教育責任。

因此，在本書的焦點團點訪談中，從 Q2-1 的調查中發現，有超過 51 位(84%)參加焦點團體訪談的受訪者表示，從兩岸閩南地區的語言、風俗、生活習慣以及宗教信仰等文化，可以從中感受到兩岸的閩南文化連結。其中受訪者 16 表示：「閩南地區的語言、風俗與生活習慣，甚至包括宗教信仰兩岸的閩南文化，屬於同源同種。」受訪者 20 也表示：「閩南地區的語言、風俗及生活習慣相近，有兩岸一家親之感。」受訪者 21：「兩岸是同源同種，如果到閩南文化區域會感動親近的。」受訪者 23：「臺灣的閩南人還是保留很多來自家鄉的文化，這就是同源同種的證明。」

至於，那些無法感受兩岸閩南文化認同的受訪者們，僅有 5%；回答「其他」的受訪者，則有 11%。兩者相加後，16%受訪者們對兩岸間的閩南文化之連結認同較少，經過再次深入交流後發現，部分受訪者(約 10%)對本次焦點團體訪談有部分心理排斥，擔心受訪結果會被有心人利用；還有受訪者(7%)表示，根本認定臺灣文化就是本土的文化，大陸的閩南文化只是相似，並無太多關聯。詳情請見下圖。

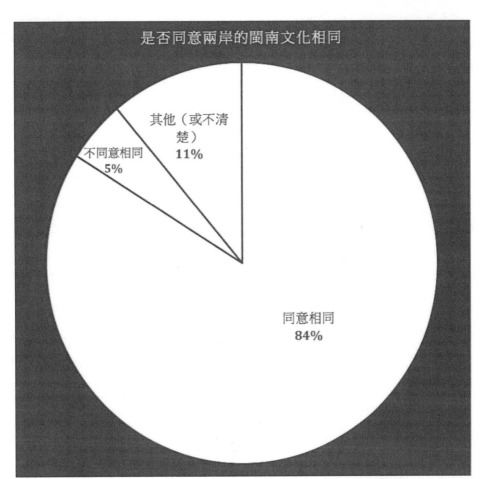

是否同意兩岸的閩南文化相同

其他（或不清楚）
11%

不同意相同
5%

同意相同
84%

圖 20　「Q2-1.是否同意兩岸的閩南文化相同」圓餅圖

　　這些受訪者能夠感受兩岸的閩南文化相同的原因，從 Q2-2 題目調查中發現，感受閩南文化的文化接近性因素是第一位，佔 36%；其中受訪者 25 表示：「臺灣的一些重要信仰是源自大陸，民間信仰的相近，臺灣跟大陸應該屬於同源同種的一家人。」受訪者 31 表示：「可以透過較為相近的文化最為交流，現在網路發達的時代，早在戲劇、歌曲、綜藝節目上、社群媒體，民眾之間默默交流著，相互影響。」因過去移民的歷史因素占第二位，約 33%；其中受訪者 28 表示：「既使後來隨國民政府

來臺的部隊,祖籍皆源自中原,自然有同源同種的認同感。」受訪者 36 表示:「臺灣居民早期是由大陸遷徙而來的,這一點是毋庸置疑。所以閩南文化由大陸帶過來也是正常的一種文化遷徙。可以視為同文同種的證明。」因透過兩岸實際交流後感受兩岸閩南文化的同根同源,則占 10%。其中受訪者 04 表示:「宗教交流時不會有太多障礙才是,兩岸都迷歌仔戲、布袋戲,不是更有話聊,交流後更肯定兩岸同源同種。」受訪者 11 表示:「參與宗教交流活動後,方知道媽祖的祖籍來自閩南,是到福建省湄洲分靈到臺灣祭拜的。」為何僅有 10%的受訪者是透過交流,才感受到閩南文化的同源同種呢?經過在深度了解,受訪者們表示,在進行兩岸文化交流時,可能因媒介或個人對大陸的刻板印象,或者該交流可能有過多的統戰因素,即便有機會前往大陸進行交流,但總覺得這樣的交流有太多目的性,導致在文化認同過程中有所障礙;其中受訪者 41 表示:「關鍵在於現在臺灣執政黨對於兩岸之間文化交流採取限制的態度,任何交流形式都會被冠上統戰的帽子,還有可能違反國安法律,令人無所適從。」;受訪者更進一步認為,若能再多幾次交流,或許會因為交流,進而產生更多的閩南文化認同。

另有 21%受訪者們回答「其他」因素,經過再度深入訪談後發現,所謂「其他」因素,包括媒介報導影響、親屬或朋友告知、工作或求學等因素所導致。不過,在 Q2-1 與 Q2-2 調查受訪者是否認同閩南文化題組中,其調查目的在於了解受訪者心中的兩岸閩南文化強連結明顯與否,不管在 Q2-1 或者 Q2-2 兩項題目都顯示,超過七成以上的人,都能從不同途徑感受兩岸閩南文化的同源同種,而且從不同途徑感受兩岸閩南文化的強連結性。詳情請見下圖說明。

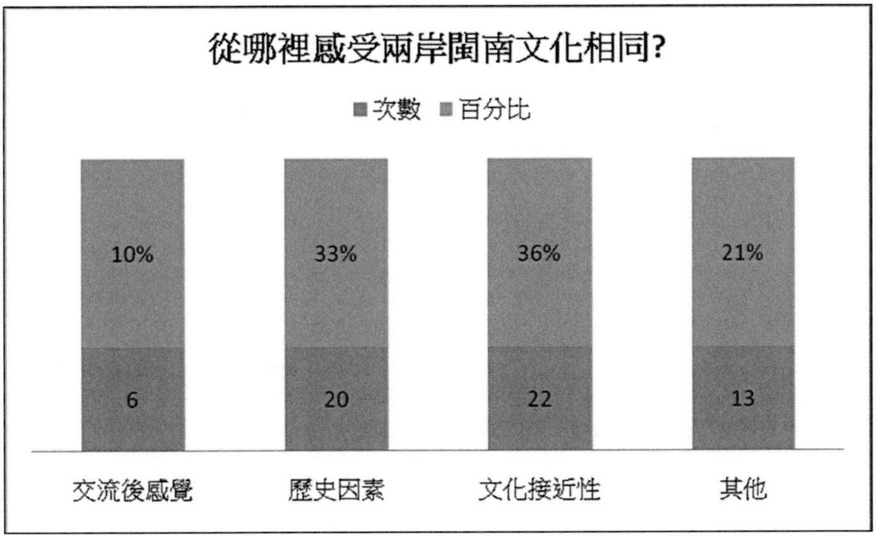

從哪裡感受兩岸閩南文化相同?

■次數　■百分比

10%	33%	36%	21%
6	20	22	13
交流後感覺	歷史因素	文化接近性	其他

圖 21　「從哪裡感受兩岸閩南文化相同?」長條圖

參、閩南風俗習慣認同

　　常民生活文化,是先民累積無數的時間與經驗的辛苦結晶,也是人們經由學習與教育而得來,往往表現在風俗習慣、語言文字、宗教信仰等一切的生活方式。所以,臺灣的「常民生活文化」,包含了在日常生活中傳承的物質生活文化,如服飾、飲食、居住、生產、交易、交通等習俗;還有社會生活、文化,如家族、鄉里、社會組織,生命禮俗、歲時節令、口傳文學、美術工藝、民間遊藝等;臺灣常民生活文化不但具有濃厚的閩南文化思想特色,更具有深刻的同源同種的祖籍情感等因素。所以,這樣的生活方式,是構成臺閩文化的主體與核心。

　　細分閩南文化,除了祖籍認同外,風俗習慣也是認同閩南文化中比較重要的要素。在 Q3-1 調查顯示,有 77%受訪者清楚知道臺灣部分風俗習慣,例如:過年或端午相關節慶活動等相關節慶活動,源自於中國大陸,特別是廈門、漳州、泉州等地。其中受訪者 43 表示:「閩南語言、

宗族家譜、風俗習慣，民間信仰皆是。」受訪者 5 表示：「知道臺灣閩南的某些風俗習慣，例如：過年、端午。」有 6 位(10%)受訪者並不太知道，有 8 位(13%)受訪者表示「其他」。經過在深入交流後，發現這 14 位受訪者對於臺灣風俗習慣是否來自大陸閩南文化的傳承，不是很清楚，其理由在於不清楚甚麼風俗習慣與大陸是相同的，還有部分受訪者認為，兩岸閩南文化風俗習慣應該只是相似，並無太多關聯。詳情請見下圖。

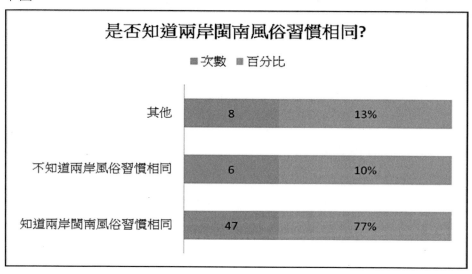

圖 22　「是否知道兩岸閩南風俗習慣相同?」橫條圖

在 Q3-2 調查訪談結果中也顯示，知道臺灣的閩南文化風俗習慣來自於大陸，而且同意兩岸閩南文化風俗習慣是同源同種的受訪者占 75%(46 位)，基本上與 Q3-1 知道臺灣的閩南文化風俗習慣是來自於中國大陸的受訪者比例差不多，代表受訪者只要知道，就會聯想兩岸閩南文化風俗習慣屬於同一來源。至於，回覆不同意的受訪者占 11%(7 位)與不清楚受訪者占 13%(8 位)，經過再次深度訪談後，其不同意與不清楚的理由，與上述 Q3-1 題目結果一致，都是對臺灣風俗習慣是否來自大陸閩南文化的傳

承，不是很清楚。理由有二，一是不清楚臺灣甚麼風俗習慣與大陸是相同的；二是兩岸閩南文化風俗習慣應該只是相似，並無太多關聯。詳情請見下圖。

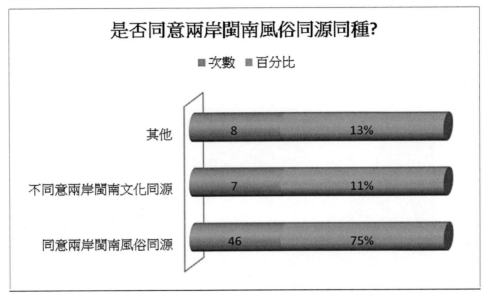

圖 23　「是否同意兩岸閩南風俗同源同種?」橫柱圖

　　不過，這些知道且同意兩岸閩南文化風俗習慣是屬於同源同種的原因，在 Q3-3 題組中，經過訪談後發現大部分是來自於媒介曾報導兩岸閩南文化相關故事(32%)，其次是祖輩或親戚、朋友說的(28%)，以及曾經來過大陸後的感受(23%)，最後則是從過去教育與歷史因素(17%)，詳情請見下圖。

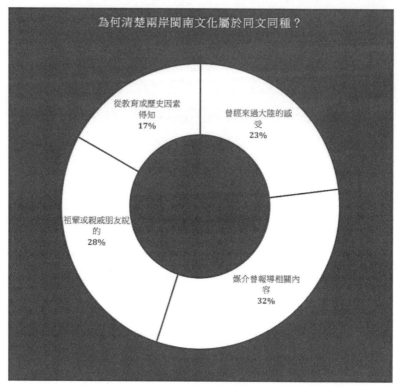

圖 24　「為何清楚兩岸閩南文化屬於同源同種」圓餅圖

　　為更清楚知道文化交流對於閩南文化風俗習慣的影響，在 Q3-4 題組中發現，在摒除媒介報導影響外，同意兩岸閩南文化風俗習慣是屬於同源同種的原因中，影響這些受訪者對閩南文化認知，其中歷史因素(49%，30 位)、文化接近性(33%、20 位)，以及參加兩岸實際交流後感覺(18%，11 位)。詳情請見下圖。其中受訪者 22 表示：「臺灣因為與大陸地緣的關係許多族群從漳州泉州移民臺灣，人來了自然文化、風俗習慣等就跟著來。」受訪者 26：「該屬於同源同種，因為臺灣早期有許多來自閩南地區的移民，所以在風俗習慣、宗教信仰應該是同源吧！」受訪者 28 表示：「金門早年即棣屬福建同安管轄，語言、風俗與生活習慣甚至宗教信都相同相近，本就同源同種。」

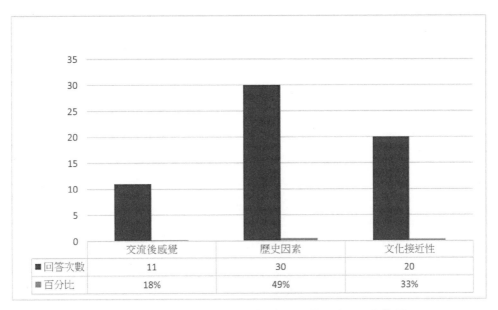

	交流後感覺	歷史因素	文化接近性
■ 回答次數	11	30	20
■ 百分比	18%	49%	33%

圖 25　「影響這些受訪者對閩南文化認知」長條圖

肆、閩南民間信仰認同

　　臺灣地區的民間信仰，有中國大陸的承傳，亦有臺灣本地發展出來的特色。早期移民從唐山到臺灣開墾建莊時，引進原鄉生活方式來建造新鄉的人文地理區域與環境，延續了漢人原有的文化景觀進行空間的經營與創造，不僅繼承農業生產的維生方式，也發揚了社會結構的文化理念與價值體系，除了重視文字傳承的經典知識外，更致力於祭典儀式的信仰活動，建構出聚落的神聖空間來整合民眾的歸屬感與立根處。民間信仰是漢人最為深層心理結構與文化形態，是日常生活的精神支柱與行動指南，以對宇宙的認知模式來確立生存的目的與歸宿，從中原到福建進而遷移到臺灣，空間的轉變切割不了時間累積的信仰情感與實踐，以高度的普遍性與穩定性重現其安身立命的文化功能。

　　針對該部分，本書在 Q4-1 的調查結果顯示，受訪者中，100%的受訪

者表示清楚知道臺灣某些重要民間信仰，例如：媽祖或者關公，是源自於中國大陸。詳請見下圖說明。

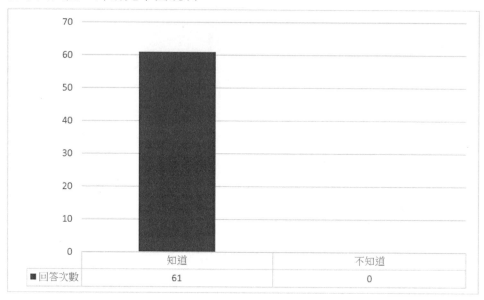

	知道	不知道
■回答次數	61	0

圖 26　「是否知道臺灣民間信仰來自大陸閩南地區」長條圖

同樣在 Q4-2 的類似調查訪談結果中發現，受訪者的 93%均同意兩岸民間信仰的相似，代表兩岸民間信仰應屬於同源同種的，至於不知道的 7%受訪者，則是跟受訪者本身的宗教信仰(基督教或天主教)或部分受訪者屬於無神論者的背景有關。詳情請見下圖。受訪者 29 表示：「民間信仰是兩岸連結的具體實踐，這些宗教是兩岸民間信仰的共同特色。」受訪者 30 表示：「知道媽祖源自與中國大陸，中國大陸跟臺灣大部分的人本來就有一定的血緣，但會因信仰而特別覺得是一家人。」

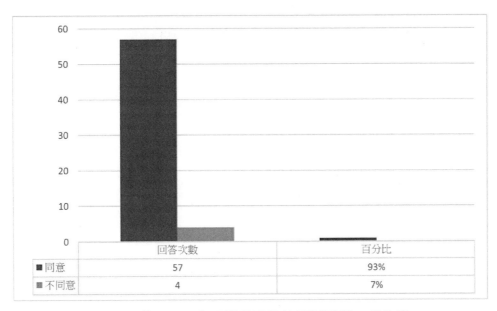

圖 27　「是否同意兩岸民間信仰同源同種」長條圖

　　至於，受訪者為何會有這種認知呢？從 Q4-3 調查結果中發現，受訪者們有這樣認知，主要還是來自於歷史因素(43%，26 位)、兩岸近期宗教交流後使然(34%，21 位)，與因為兩岸閩南文化的文化接近性(14%，23 位)。其中與近年臺灣相關民間信仰，例如：媽祖、保生大帝等，回去大陸開基祖廟謁祖進香有極大相關。詳情請見下圖說明。受訪者 32 表示：「是同源同種的吧。因為從過去到現在，媽祖與關公等民間信仰的交流不僅頻繁且盛大，所以是同源吧。」受訪者 35 表示：「是的感到親近跟熟悉感，畢竟信仰都一樣，而且私底下的謁祖不少。」

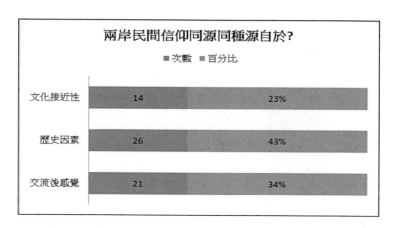

圖 28 「兩岸民間信仰同源同種源自於」橫條圖

　　最後，在上述 Q4-1、Q4-2 與 Q4-3 題目訪談結束後，為更確認受訪者是否很清楚臺灣那些民間信仰(神祉)屬於兩岸閩南文化同源同種的？發現受訪者的印象中，包括：媽祖(19%)、保生大帝(18%)、關聖帝君(18%)、觀世音菩薩(13%)、清水祖師(11%)、開漳聖王(10%)、廣澤尊王(7%)與三山國王(4%)等，均屬於閩南文化同源同種的民間信仰。

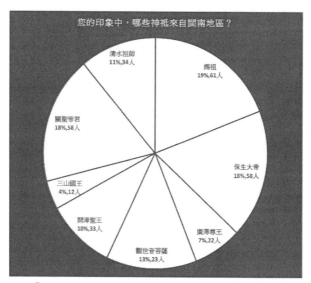

圖 29 「您的印象中，哪些神祉來自閩南地區」圓餅圖

　　本題組從兩岸閩南民間信仰出發，調查結果後發現，受訪者都對兩岸閩南文化民間信仰具高度認同，代表民間信仰之於兩岸的閩南文化的認同，擁有強連結，且高達 43%受訪者認為在歷史因素上，大多數閩南移民來臺灣時，就帶來相關的民間信仰。所以，兩岸在閩南地區民間信仰上，應屬於同源同種的。

　　受訪者 35 表示：「相較於閩南語言、宗族家譜、風俗習慣，個人認為是民間信仰，特別是媽祖。」

伍、閩南傳統戲曲的認同

　　臺灣傳統戲曲的發展基本上和臺灣歷史的發展息息相關。十七世紀，約於明熹宗天啟元年（1621），海盜顏思齊、鄭芝龍以臺灣做為經營據點，部分大陸移民隨之至臺開墾，漢人文化移入。臺灣早期移民主要來自於大陸福建及廣東地區，除了帶來原鄉的文化和語言，許多民間戲曲音樂更隨著移民來到臺灣。新移民以同鄉關係，取代了過去的血緣關係，組成新的互助團體。而各地方鄉音除了慰藉漂洋過海的新居民們心中的鄉愁，表演場所更成了同鄉們的聯誼場合，戲曲社團也因此有了和地方勢力結合的機會，以「堂」、「社」為名的北管子弟館閣，就是家鄉戲和地方勢力結合的例子。由此可見，臺灣傳統戲曲和真實生活密切相關。

　　傳統戲劇在臺灣早期以農業為主的社會中，兼具娛樂和教化的功用。請戲活動在結婚、喪葬等大小生命禮俗中、民間糾紛調解、以及神明誕辰、廟宇慶典、作醮、請還願等宗教信仰活動中，扮演著重要的角色。請戲的名目有酬神、還願、慶成、壽誕、避債、結婚等，不勝凡舉。

　　在本書 Q5-1 中，72%的受訪者清楚知道臺灣傳統戲劇，例如：歌仔戲、布袋戲（或木偶戲）是源自於中國大陸，而回覆「不知道」的受訪

者有 15%，回答「其他」(13%)的受訪者。經過再次深入訪談了解發現，回覆「不知道」的受訪者，因為是對於傳統戲曲較不關心，基於小心原則，只能回覆不知道；另，回覆「其他」的受訪者，則是認為臺灣歌仔戲、布袋戲是臺灣原生戲曲，然後反而回去在影響中國大陸的，所以，臺灣戲曲本身與中國大陸閩南地區傳統戲曲間，並無直接關係。詳請請見下圖說明。受訪者 36 表示：「歌仔戲由高甲戲演變而來，布袋戲或提線木偶戲皆有他的由來，但也發展出了在地特色，只能說雛形來自於大陸，但後來長成的樣子已經是臺灣樣了。」受訪者 42 表示：「知道臺灣的歌仔戲、布袋戲(或木偶戲)是源自於中國大陸的閩南地區的當地戲曲，同意為這些戲曲的來源，正說明臺灣與大陸應屬於同源同種的一家人。」

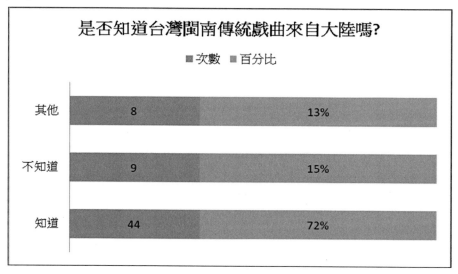

圖 30　「是否知道臺灣閩南傳統戲曲來自大陸嗎」橫條圖

同樣地，透過 Q5-2 繼續追問，其結果與 Q5-1 的調查結果相同，同樣有 72%受訪者們認同臺灣傳統戲曲，因閩南地區的移民關係，同意臺灣地區傳統戲曲與大陸閩南地區的傳統戲曲，應屬於同源同種。至於回

覆「不同意」與「其他」的受訪者答覆原因，與 Q5-1 的調查結果相同，
請詳見下圖。

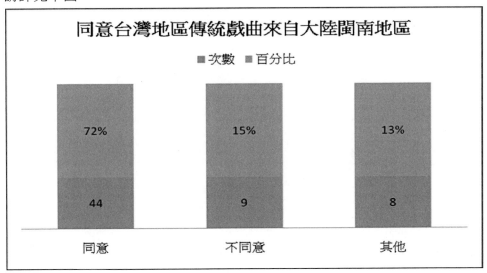

圖 31　「同意臺灣地區傳統戲曲來自大陸閩南地區」長條圖

　　是甚麼原因或者途徑，讓受訪者們同意且認同臺灣傳統戲曲與大陸
閩南地區屬於同源同種呢？透過 Q5-3 調查結果後發現，同樣是歷史因素
(48%)最多，然後文化接近性(34%)，最後則是兩岸傳統戲曲的交流
(18%)。進一步詢問，則發現即便不認同在傳統戲曲屬於兩岸同源同種的
受訪者，都還是認為兩岸傳統戲曲還是有相近、相似的地方。詳情請見
下圖。

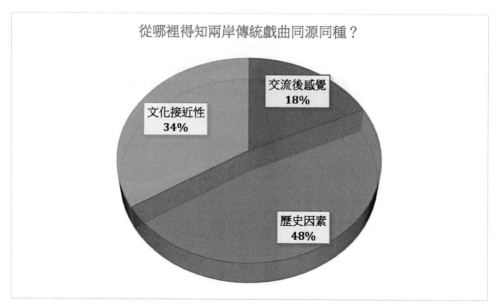

圖 32　「從哪裡得知兩岸傳統戲曲同源同種」圓餅圖

　　在傳統戲曲這個題組中，部分受訪者表示藝術具有原創性，臺灣在歌仔戲、布袋戲等傳統戲曲的突出表現，不可能全部源自於大陸。加上，臺灣傳統戲曲也漸漸自成一格，兩岸戲曲交流又相當頻繁，誰影響誰？不能確認，也無法確定這樣是否能夠推導成兩岸同屬一家人的結論。畢竟藝術需要有市場，而大陸則是臺灣重要的市場。所以，本題組從傳統戲曲方面出發，調查兩岸傳統戲曲之間的連帶關係，對於大部分受訪者而言，傳統戲曲也是證明臺灣與大陸在傳統戲曲上，還仍屬於同源同種的強連結之一。進一步說，傳統戲曲同樣可能作為連結兩岸文化的渠道之一。在傳統戲曲題組中，再度深入詢問受訪者發現，在受訪者的印象中，歌仔戲(43%)、布袋戲(26%)、皮影戲(13%)與傀儡戲(11%)等四種，是臺灣民眾對於來自大陸傳統戲曲比較有印象的劇種。請詳見下圖說明。

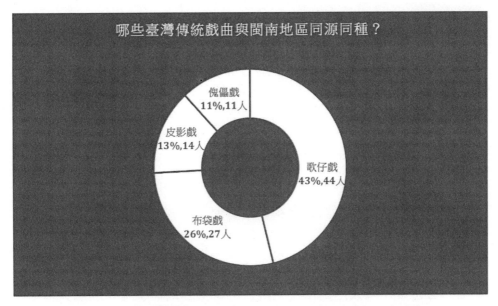

圖 33　「哪些臺灣傳統戲曲與閩南地區同源同種」圓餅圖

陸、閩南文化整體認知研究

　　閩南文化大體是指由閩南人共同創造的物質財富和精神財富的總和，是閩南人傳承、發展與創新的地域文化，是中華傳統文化不可分割的組成部分。閩南文化包括閩南方言、民間信仰、民俗習慣、宗教信仰、文學藝術、傳統建築風格等方面。千百年來，閩南文化在保留自身文化特質的基礎上，兼收並蓄外來文化的精華，形成具有鮮明特色、內涵豐富的地域文化。閩南與臺灣一水之隔，閩南文化隨著閩南人到臺灣而廣為流播，並產生深遠的影響。隨著一代又一代的閩南人移居臺灣，成為臺灣地區的主體居民，他們把閩南文化帶到臺灣，使其在臺灣傳承與融合，從而深刻地影響著臺灣文化的形成與發展。閩南文化對臺灣文化的影響是全方位的。文化是具有輻射作用的，閩南文化以它強大的輻射作用，數百年來，極大地影響著臺灣文化的形成與發展。一代又一代

的閩南人把閩南文化帶到臺灣，在那裏生根、開花、結果。閩南文化以巨大的輻射力，輻射到臺灣的每一個角落。雖然，閩南文化在臺灣的歷史發展過程中，兼收並蓄了外來文化，有所發展，有所豐富，形成了臺灣文化。但是，應當看到，臺灣文化更多的是保留了閩南文化的共性和特點。

因此，在臺灣，不論是城市，還是鄉鎮，不論是山區，還是平原，只要有閩南籍臺灣同胞居住的地方，都能領略到閩南文化濃厚的氣息；不論是物質生活方面，還是精神生活方面，只要有閩南籍臺灣同胞居住的地方，也都能顯示出閩南文化的內涵。

在 Q6-1，針對目前在臺灣落地生根的「閩南文化」印象是否會讓受訪者可直接聯想與大陸閩南文化屬於同源同種的感受呢？在調查結果中發現，超過 93%受訪者同意這樣推論，僅不到 7%受訪者認為無法讓他們從臺灣的閩南文化直接聯想到大陸的閩南文化。請詳見下圖說明。

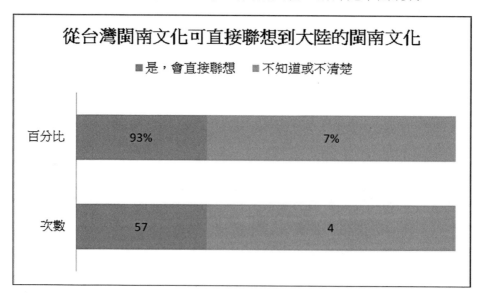

圖 34　「從臺灣閩南文化可直接聯想到大陸的閩南文化」橫條圖

　　若再往下調查受訪者們，面對多元的閩南文化中，那些會讓您強烈認定臺灣閩南文化與大陸閩南文化屬於同根同源呢？從 Q6-2 中得知，閩南語言(36%)是最讓受訪者最有感，民間信仰(30%)、風俗習慣(15%)、家族宗譜(11%)，最後則是傳統戲曲(8%)。詳情請見下圖說明。

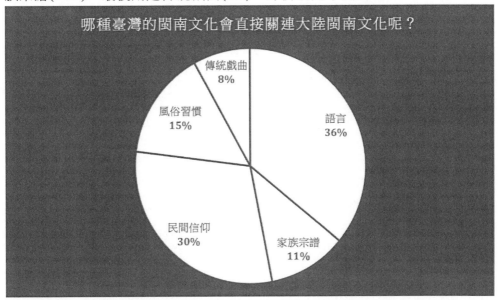

圖 35　「哪種臺灣的閩南文化會直接關連大陸閩南文化呢」圓餅圖

　　Q6 題組旨在調查廣義的臺灣閩南文化中，哪項讓受訪者認為可以連結到大陸閩南文化之間屬於同源同種，結果顯示相當多元，最多的是認為不論語言、家族宗譜、民間信仰和風俗習慣，受訪者都能直接連結到大陸的閩南文化。在此題組上，受訪者 43：「認同閩南地區的語言、風俗與生活習慣，甚至包括宗教信仰等，都能讓我感受到兩岸的閩南文化，應該屬於同源同種。」、受訪者 45：「認同相同語言、相同風俗生活習慣、同樣的宗教信仰或戲曲傳承，是閩台間文化交流的重要基礎。」與受訪者 1：「相同語言、相同風俗習慣、同樣的宗教信仰或戲曲傳承，是讓彼此親近熟悉的方式，也是交流的基礎。」

柒、確認閩南文化是否為兩岸文化交流基礎

　　從歷史角度觀察，臺灣族群及文化歸根究柢是福建的開展和延續。臺灣主要族群及文化居然源自福建地區，其語言、宗教信仰及風俗習慣自然也與福建大致相同，進一步來說，閩南文化可能是增強臺灣同胞對中華文化認同感的主要基石，也是推進兩岸交流合作的紐帶和橋樑。80%以上的臺灣居民祖籍福建，閩南文化深深地紮根在臺灣民眾精神生活中。

　　從語言、建築、生活習慣、生產勞動，到民間習俗、民間信仰、民間藝術、人文性格等，無不帶著濃厚的閩南文化色彩。閩南文化對臺灣地區有著強大的輻射作用，對臺灣同胞有著強大的吸引和凝聚作用。從歷史角度觀察，臺灣族群及文化歸根究柢是福建的開展和延續。臺灣主要族群及文化居然源自福建地區，其語言、宗教信仰及風俗習慣自然也與福建大致相同，進一步來說，閩南文化可能是增強臺灣同胞對中華文化認同感的主要基石，也是推進兩岸交流合作的紐帶和橋樑。80%以上的臺灣居民祖籍福建，閩南文化深深地紮根在臺灣民眾精神生活中。從語言、建築、生活習慣、生產勞動，到民間習俗、民間信仰、民間藝術、人文性格等，無不帶著濃厚的閩南文化色彩。

　　因此，在 Q7-1 調查受訪者們的結果發現，超過 98%受訪者均認同，相同的語言、風俗生活習慣、宗教信仰或戲曲傳承等，將會是閩南間的文化交流基礎，而不到 2%的受訪者則認為不是。詳情請見下圖說明。

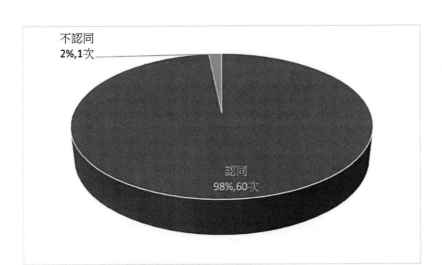

圖 36 「是否認同相同文化、語言是兩岸交流重要的基礎呢?」圓餅圖

　　另外,若再度詢問受訪者,在單一選擇上,去選擇出哪一種閩南文化,可以在閩南文化交流上,更具重要的意義,並有其重要功能呢?結果發現,閩南語(39%)排第一,然後是民間信仰(34%)、風俗習慣(15%)、家族宗譜(10%),而傳統戲曲(2%)排在最後。請詳見下圖。

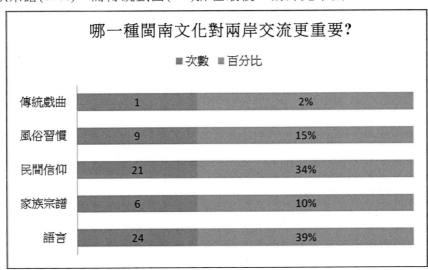

圖 37 「哪一種閩南文化對兩岸交流更重要?」橫條圖

　　閩南語(臺語)，是目前臺灣地區民眾主要使用的語言之一。然而，原本應是生活語言的臺語，現在卻面臨弱化困境，並只是淪為與家人或者父母溝通的方式，讓過去以往無論在市場買菜、長輩交流聚會或路上碰到街坊鄰居，還是工作場合最常使用的閩南語(臺語)，逐漸式微。目前的年輕人相較於老一輩的來說，比較不會說閩南語(臺語)，也比較不愛說閩南語。依照臺灣目前的社會狀況，絕大部分的人(98.3%)都能以漢語或普通話(國語)溝通，不過，會使用閩南語(臺語)的族群，還是佔 74.3% 強，這點也與受訪者調查結果相仿。其中受訪者 3 表示：「閩南語、風俗習慣是交流最重要的兩項基礎。」受訪者 4：「語言、家譜、民間信仰和風俗習慣，依序是促成兩岸文化交流的重要排序。」受訪者 8：「認為閩南地區的語言、風俗與生活習慣，甚至包括宗教信仰，對這些同屬閩南文化區域的大陸同胞感到親近、熟悉。而其中閩南語最為直接。」又表示：「閩南語言讓我直接聯想到與大陸閩南文化之間屬於同源同種。」受訪者 20 表示：「閩南語感覺教相近。」受訪者 24：「閩南文化區因語言關係較容易讓人感到熟悉。」

捌、文化接近性是否為兩岸文化交流的基礎

　　在政治層面僵持對立的情況下，海峽兩岸的交流不妨以文化交流為主，透過雙方人民生活經驗與歷史記憶的分享，奠定心靈互相瞭解的基礎。簡言之，兩岸文化交流的目的，應該是喚醒兩岸人民內心深處的共同記憶與想像，由於臺灣和大陸閩南地區擁有共同的閩南文化傳承，把握文化接近性進行體驗式交流，應該是兩岸文化交流可以努力以赴的重點工作。

　　在 Q8-1 題目中，詢問受訪者們，是否可利用比較相近的閩南文化(文化接近性)的特點，進行且強化兩岸之間的民眾交流呢？結果顯示，全部

(100%)受訪者們都一致認為，基於兩岸閩南文化的相似性，的確是強化兩岸間民眾與文化交流的重要基礎。請詳見下圖說明。其中受訪者 9 表示：「同意透過比較相近的閩南文化，進行且強化兩岸之間的民眾交流，這樣的文化交流不會牽涉敏感議題，對兩岸交流較適合。」受訪者 12：「在文化相近的基礎下，相對其他省份的生活習慣而言，閩南地區會親近許多，包括衣食住行也是。」受訪者 25：「透過相近的閩南文化進行交流，比較不會牽涉敏感議題。」

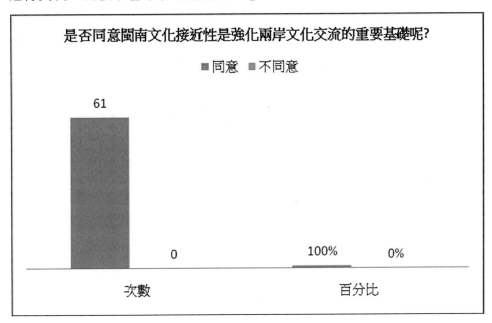

圖 38　「是否同意閩南文化接近性是強化兩岸文化交流的重要基礎呢？」長條圖

　　另外，Q8-2 題目則是深入追問受訪者，基於文化接近性的民間兩岸交流，是不是比較不容易牽涉敏感政治議題，更適合現在的兩岸交流呢？結果是 100%受訪者們都同意這樣的做法，請見下圖說明。從這兩項題目的調查結果可以說明，海峽兩岸近百年來由於歷史的斷裂與政治因素，進而使兩岸人民經歷不同的歷史經驗，從而塑造了不同的歷史意識

與大同小異的閩南文化。因此，在未來的兩岸交流，除了經貿往來之外，更重要的是文化的交流，尤其是善用閩南文化的文化接近性特質，喚醒雙方人民的過去經驗再現與共享，更是當前兩岸文化交流最重要的工作。

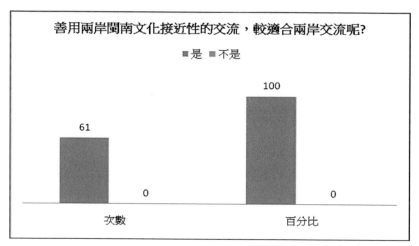

圖 39　「善用兩岸閩南文化接近性的交流，較適合兩岸交流呢?」長條圖

第三節　交流體驗後對閩南文化認同改變

　　若彙整有關兩岸關係研究文獻發現，傾向兩岸多交流的研究主張，透過實質關係的全面交流，包括貿易、投資、黨政官員與文化等不同社會階層的多層次交流與對話，可以藉此增加交流主體之間的互信、建立彼此共同的價值理念。若雙方交流範圍持續擴大，交流的次數、項目和層次都隨著時間的推移而不斷地增加或提高時，則將有助於全面推動雙邊或多邊的整合。所以，本焦點團體訪談針對受訪者的血緣關係，以及實際去過大陸，也參與過兩岸交流後，對兩岸閩南文化的認同與印象進行調查。

壹、曾參與交流後的態度改變

　　在第二部分調查曾赴大陸交流體驗後，對兩岸的閩南文化認同與印象是否會改變。透過 2Q1-1 題目進行訪談後，發現曾回去大陸的受訪者們在血緣認同上，超過 66%受訪者認為，在與家鄉親戚互動後，有更多的血濃於水、同根同源的感覺；其中受訪者 7 表示：「融入閩南文化的各式慶典及純學術研討的文化交流，讓人備感親切。」受訪者 17：「曾參與過多次的文化參訪和交流活動，亦曾前往閩南文化區域，感覺兩岸根本是同源同種。」但仍有 34%受訪者們則認為，自己更清楚，也更堅信自己的祖輩與父母是來自大陸地區，但沒有更多的血緣認同感。詳情請見下圖說明。

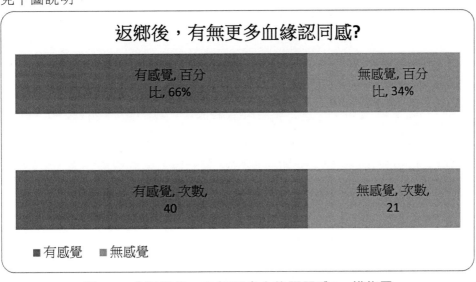

圖 40　「返鄉後，有無更多血緣認同感？」橫條圖

　　除上述針對血緣關係在進行探親或交流後，是否會強化臺灣民眾在家族宗譜上的連接外，也針對受訪者是否曾實際赴大陸進行「文化參訪或交流」的經驗，了解交流體驗後的文化認同感？其中在 2Q2-1 題目中，

有 69%受訪者曾經去過大陸進行「文化參訪或交流」活動,而有 31%受訪者雖然去過大陸,但沒有參加與文化有關的交流活動。

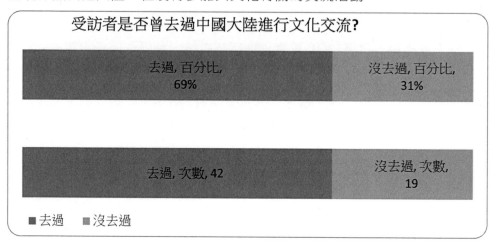

圖 41　「受訪者是否曾去過中國大陸進行文化交流?」橫條圖

在 2Q2-2 題組中,再深入了解曾去過中國大陸地區進行文化交流的受訪者們,其中超過 64%曾去過大陸地區進行文化交流的受訪者,幾乎都是去到福建省進行交流,其中去過廈門(28%)、漳州(10%)、泉州(8%),以及福建省其他的地區(11%),例如:福州、蒲田。此外,仍有去過其他地區(5%),例如:北京、廣州或者上海的。其中受訪者 18:「廈門」、受訪者 19:「廈門」、受訪者 20:「廈門、漳州」、受訪者 23:「參加過大陸文化參訪,有去過廈門和漳州。」、受訪者 24:「福州、漳州、廈門」等。沒有去過大陸參與文化交流,而是旅行或者商業性活動的則有 31%,這個結果與 2Q2-1 的調查結果相同。詳情請見下圖。不過,從 2Q2 題組的調查結果顯示,即便沒有去過中國大陸進行文化參訪或交流,至少都曾經去過中國大陸其他地區旅行或者從事商業活動,足見兩岸民間交流相當熱絡。

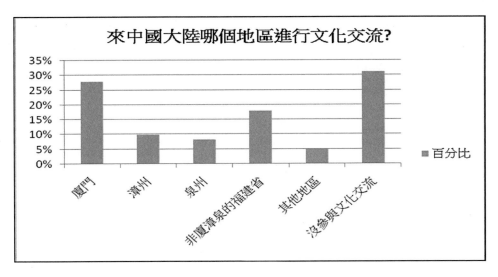

圖 42　「來中國大陸哪個地區進行文化交流?」長條圖

　　在 2Q3 題組中發現，69%受訪者曾去大陸參加過的文化參訪或交流活動，大都是以參加學術交流與研討居多(46%)，其次才是單純參加閩南文化慶典(15%，例如：回鄉祭祖、民間信仰回大陸交流等)，當然也包含文化慶典與學術交流兼具(8%)。其中受訪者 23：「學術研討。」、受訪者 24：「學術研討類交流活動」、受訪者 26：「純學術研討的文化交流」、受訪者 22：「我曾陪父親去福建莆田湄洲媽祖廟進香。」、受訪者 28：「文化類型參訪和文化交流活動都有」。

　　至於回覆「其他」的受訪者，是那些曾去大陸，並非參加純粹文化交流相關活動的受訪者。請詳見下圖。本題組調查主要是調查受訪者去中國大陸的原因，是否包含與閩南文化相關的文化交流。根據調查結果顯示，去中國大陸的活動不單限於閩南文化慶典或學術交流，另有其他原因或交流赴陸，顯示臺人赴陸原因多元。

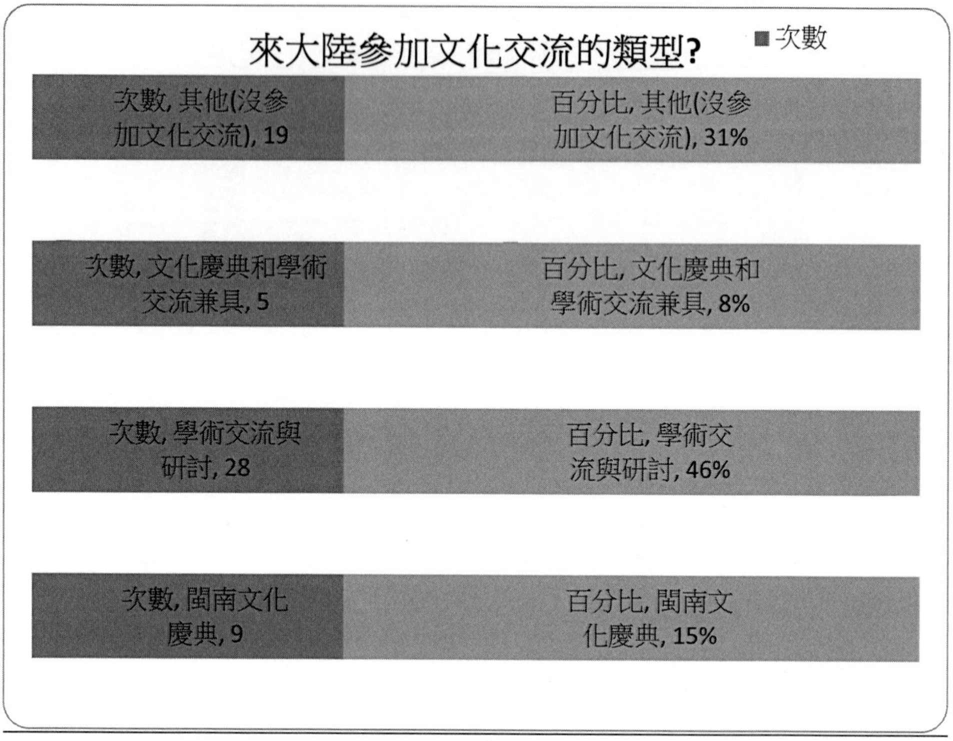

來大陸參加文化交流的類型？　■次數

次數, 其他(沒參加文化交流), 19　　百分比, 其他(沒參加文化交流), 31%

次數, 文化慶典和學術交流兼具, 5　　百分比, 文化慶典和學術交流兼具, 8%

次數, 學術交流與研討, 28　　百分比, 學術交流與研討, 46%

次數, 閩南文化慶典, 9　　百分比, 閩南文化慶典, 15%

圖 43　「來大陸參加文化交流的類型？」橫條圖

　　在 2Q4-1 題組中，則是針對受訪者有機會參與閩南相關文化參訪等活動，是否會更拉近與同屬閩南文化區域的大陸同胞的親近感時，其結果顯示有 84%的受訪者認為可以拉近，詳請見下圖。

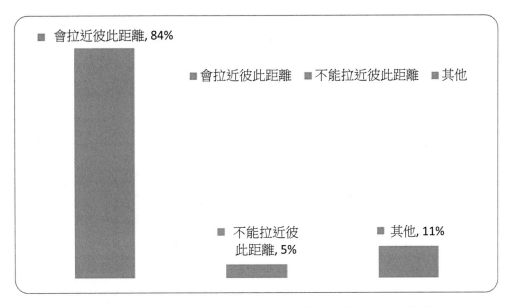

圖 44　「參與文化交流後，能否拉近彼此距離呢?」長條圖

　　這個結果相較 Q2-1 先前的研究結果，61 位受訪者有 84%同意兩岸閩南文化是相同的，其中僅有 10%受訪者認為透過文化交流才認同兩岸閩南文化；但在 2Q4-1 題，聚焦曾參加文化交流、體驗閩南文化後的受訪者，經過體驗後，有 84%的受訪者同意在文化交流體驗後，會拉近兩岸在閩南文化的距離。這結果符合原本臺灣地區民眾剛開始對兩岸閩南文化的認同表現。不過，這數據似乎只是證明強化交流體驗對臺灣民眾在閩南文化認同感有用，但似乎沒有提高受訪者對閩南文化認同的數量與百分比。這個結果可能有兩個原因，一是焦點團體訪談的受訪者數量偏少，二則是交流可以更強化原本臺灣青少年原本對兩岸閩南文化的內心認知與印象。請詳見下圖。

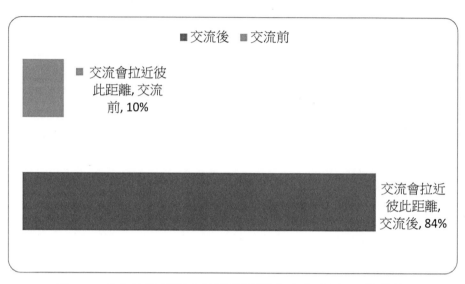

圖 45　「交流後是否會拉近認同閩南文化交流?」橫條圖

　　再深入針對是哪些因素促成受訪者交流後認為拉近距離？在2Q4-2中發現，誠如上述數據，在參與交流前，交流影響僅 10%，但交流後卻高達 43%；另外，在文化接近性因素，交流前(36%)與交流後(38%)相去不遠；影響最多的反而是歷史因素，交流前(33%)與交流後(19%)。其中受訪者 29 表示：「有到廈門參加過交流活動。海峽青年論壇參加會後去漳州遊覽，反而讓我更認知道兩岸一家親的感覺。」受訪者 31：「臺灣的閩南文化與大陸的閩南文化稍有雷同之處，到當了當地確實會有一份親切感，最有感的是飲食文化及語言，講閩南語也可以聽得懂。」受訪者32：「作為臺灣人，在對岸聽到閩南語，還是感到親切，這是語言的力量。這也是交流後的一種感受吧。」受訪者 33：「去過大陸進行過非常多次的文化參訪交流也去過廈門漳州泉州同樣都是講閩南語聽起來很親切，感覺像一家人。」

　　詳情請見下圖說明。詢問受訪者為何前後有如此大的差別，受訪者表現，在尚未來過大陸之前，對大陸閩南文化的印象都是來自過去移民

歷史因素，想像比實際的認同多；不過，當有機會來大陸進行文化交流時，因實際臨場感與其他因素，例如：語言、親戚或血緣、生活習慣與民間信仰等，取代了想像的歷史因素。

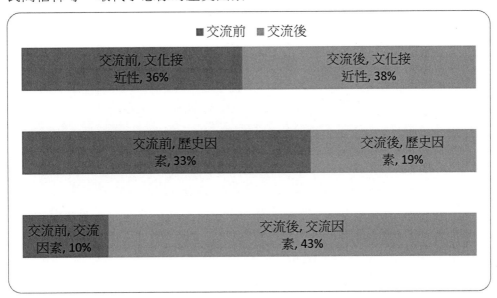

圖 46　「交流後拉近距離的主要因素是？」橫條圖

貳、對文化交流活動的期待

2Q5-1 詢問受訪者：「若您未來有機會參加兩岸閩南文化相關參訪交流或者體驗活動，是否會讓您感受閩南文化區域內同屬兩岸一家親與同源同種嗎？」84%(51 位)受訪者認為這些文化交流可感受到兩岸一家親，僅 5%(3 位)不能感受；其中受訪者 34 表示：「若以民間自發性並以文化方面交流為前提，較無政治經濟方面的考量，故為較為適合之方式，且比較會有兩岸一家親的感受。」受訪者 35：「兩岸交流可從各種不同的角度切入，閩南文化確實較能使社會不同階層者皆能輕易進行交流，更像一家人的感覺。」受訪者 37：「同意以文化切入，閩南文化會使社會

不同階層者皆能輕易進行交流,比較能夠實踐兩岸一家親的目標。」受訪者 39:「閩南文化對於閩台來說,更親近、更容易讓人感覺兩岸一家親。」

　　至於回覆其他(11%,7 位)的受訪者則認為,不確定能否感受兩岸一家親,也擔心這樣的活動是否會有太多政治目的,所以無法直接判斷是否能夠感受到兩岸一家親的感覺。詳情請見下圖說明。

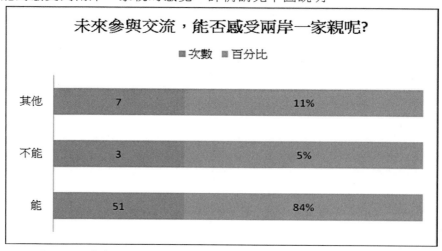

圖 47　「未來參與交流,能否感受兩岸一家親呢?」橫條圖

　　2Q5-2 則是繼續追問,若在兩岸閩南文化接近性基礎之上進行交流,會不會導致兩岸民眾交流比較沒有障礙?有 98%的受訪者認同閩南文化接近性對兩岸交流有所助益,僅 2%受訪者表示不認同。其中受訪者 40 表示:「比較沒有障礙,畢竟文化與生活方式都是同源同種。」受訪者 41:「若沒有政治因素影響時,兩岸文化交流是最沒有限制的兩岸互動。」受訪者 42:「是啊沒障礙,例如民間的廟會或者慶典,根本都是一家人,很熱鬧。」受訪者 43:「單純文化交流是不會有任何障礙,大多是牽涉政治層面問題,才有產生極大衝突及認知差異。」詳情請見下圖。

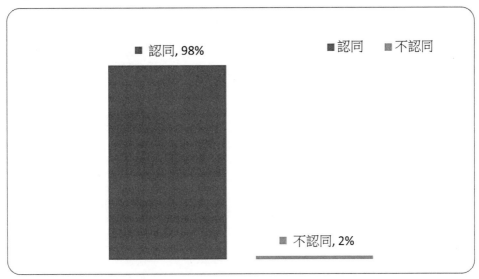

圖 48　「認同透過文化相近的閩南文化進行兩岸交流比較沒有障
　　　　礙？」長條圖

　　2Q5-3 詢問受訪者，善用哪一種類的閩南文化相近性特點進行互動
時，會讓兩岸交流雙方感受會較為親切？較為有效呢？經過全部受訪者
進行排序，發現閩南語(臺語，39%)仍為文化接近性的第一名，緊接為民
間信仰(34%)、風俗習慣(15%)、家族宗譜(10%)，以及最後是傳統戲曲
(2%)。其中受訪者 5 表示：「閩南地區的語言、風俗與生活習慣，是包括
宗教信仰，都是文化相近。」受者訪 6：「閩南地區的語言、風俗與生活
習慣，是同源同種，感到親近、熟悉」受訪者 11：「語言、風俗、節儉
持家的生活習慣，認同閩南就是臺灣人的原鄉祖籍，同源同種。」受訪
者 20 表示：「閩南地區的語言、風俗及生活習慣相近，有兩岸一家親之
感。」

　　這個結果相較於上述交流前對哪一種類的閩南文化具較高文化接近
性，且適合進行兩岸交流？發現兩項結果其實相去不遠，請詳見下圖。

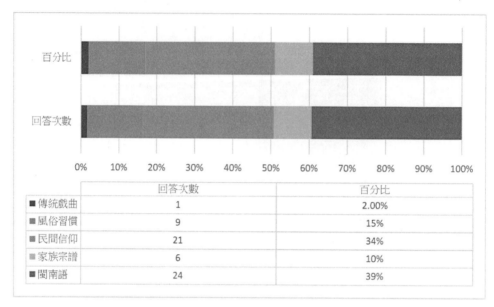

	回答次數	百分比
■ 傳統戲曲	1	2.00%
■ 風俗習慣	9	15%
■ 民間信仰	21	34%
■ 家族宗譜	6	10%
■ 閩南語	24	39%

圖 49　「哪種閩南文化最適合兩岸文化交流?」橫條圖

　　在前面訪談基礎上,2Q6-1 與 2Q6-2 再度詢問受訪者,「是否同意透過比較相近的閩南文化進行且強化兩岸之間的民間交流?」以及「是否也同意文化交流比較不會牽涉敏感議題,對兩岸交流是屬於較適合的方式呢?」結果顯示,兩項題目的結果,受訪者均 100%同意。受訪者 22 表示:「相同語言、相同風俗生活習慣、同樣的宗教信仰或戲曲傳承,這些都有利於交流」、「文化交流比較容易拉近彼此距離」,受訪者 23:「先以閩南文化作為交流的開端,會有更多的共鳴。」、受訪者 24:「閩南文化其實為臺灣所謂的本土文化之本,能夠作為兩岸交流的一大實質橋梁。」,以及受訪者 29:「以文化作為共同體,以文化作為交流基礎,以文化引領兩岸一家親,是比較可以接受。」

　　不過,仍有部分受訪者擔心文化交流是屬於比較長期的交流與互動,效果可能不是很彰顯;也有部分受訪者還是擔心文化交流的目的可能不純粹,不過這樣的比例不到 1%。詳情請見下圖說明。

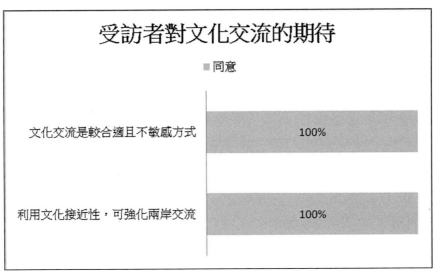

圖 50　「受訪者對文化交流的期待?」橫條圖

參、小結

從壹和貳兩個小節的調查結果來看，臺灣年輕人對於較為軟性、不涉及敏感議題（比如政治、經濟甚至更為敏感的統獨議題等）的兩岸交流，並不排斥。至於兩岸閩南文化的交流，或者是相隨而生的實際交流經驗，能否因此讓受訪者產生「臺灣與大陸屬於同源同種的一家人」的認同，多數持肯定態度。少數受訪者明確指出並不排斥兩岸閩南文化的交流，但否認會因為文化交流就產生「臺灣與大陸屬於同源同種的一家人」的認同。

總體來看，可以確定結論的是，在未涉及敏感議題，如政治、統獨議題等的前提上，兩岸的文化交流是值得進行的。藉由臺灣和閩南地區語言文化、風俗習慣、戲曲傳承、宗教信仰相同的特點進行交流有促進認同的一定功效，至於兩岸政治因素或議題的介入所產生的變化，則是另一回事。

第四節　臺灣青年閩南文化認同解析

　　認同，從心理學角度可區分成三階段，分別是知悉(了解)、態度(傾向)與認知(理性選擇)。透過了解，然後有態度傾向，然後進行理性選擇，這就是一種認知一致性。當每個人的認知與行為一致，才不會產生焦慮與不和諧的情形。因此，為瞭解受訪者本身基本條件(性別、教育程度與年齡)與認同兩岸閩南文化的程度有無差異？本節特別將 Q6「是否覺得臺灣閩南文化與大陸閩南文化同源同種？」(知悉階段)、Q7「是否認同相同語言、風俗、生活習慣、宗教信仰是閩南間文化交流基礎？」(態度傾向)、Q8「是否同意透過相近的閩南文化強化兩岸交流？」(認知選擇)，進行交叉分析，詳細結果請見下面論述。

壹、性別與閩南文化認同

　　在性別方面，Q6、Q7 與 Q8 等三題顯示，男、女不同性別對閩南文化在知悉、態度與認知選擇上，並無呈現明顯性別差異的答題偏好，也跟整體受訪者結果沒有明顯差異。Q6「是否覺得臺灣閩南文化與大陸閩南文化同源同種？」中，性別比例的落點分析發現，男、女受訪者在「不知道」的比例偏少；但女性(10.52%)略高於男性(4.77%)，請詳見下表。

表 20　「是否覺得臺灣閩南文化與大陸閩南文化同源同種？」（性別）

性別	是	不知道	總和	答「不知道」百分比
女	17	2	19	10.52%
男	40	2	42	4.769%
總和	57	4	61	

至於 Q7「是否認同相同語言、風俗、生活習慣、宗教信仰是閩南間文化交流基礎？」中性別比例的落點，男、女受訪者「不知道」的比例偏少，但男性「不知道」(2.38%)高於女性「不知道」(0%)。請詳見下表。從 Q6、Q7 這兩題的性別差異來看差異甚微，可以忽略不計。

表 21 「是否認同相同語言、風俗、生活習慣、宗教信仰是閩南間文化交流基礎？」（性別）

性別	是	不認同	總和	答「不認同」百分比
女	19	0	19	0
男	41	1	42	2.380%
總和	60	1	61	

另外，Q8「是否同意透過相近的閩南文化強化兩岸交流？」的性別落點分析中，男、女回答的比例一致，皆為 100%同意這樣的問題，透過相近的閩南文化可強化兩岸交流。詳情請見下表。

表 22 「是否同意透過相近的閩南文化強化兩岸交流？」（性別）

性別	是	不認同	總和	答「不認同」百分比
女	19	0	19	0
男	42	0	42	0
總和	61	0	61	-

貳、教育程度與閩南文化認同

關於不同教育程度(高中職、大專/大學、碩士與博士)的受訪者，針對兩岸閩南文化認同調查結果中發現，不同教育程度的受訪者，在閩南

文化認同上並未有太顯著的差異。

　　Q6「是否覺得臺灣閩南文化與大陸閩南文化同源同種？」，在教育程度落點分析中，「高中職」與「大專/大學」兩學歷回覆「不知道」的比例分別是 2.22%、3.278%，但在碩士、博士兩學歷則沒有出現不知道的情形。雖然在「高中職」與「大專/大學」的不知道比例很低，可忽略不計；但相較於碩、博士，教育程度低的受訪者，的確在「是否覺得臺灣閩南文化與大陸閩南文化同源同種？」的知悉程度上有著些微差異。詳情請見下表。

表 23　「是否覺得臺灣閩南文化與大陸閩南文化同源同種？」（教育程度）

教育程度	是	不知道	總和	答「不知道」佔總體比例
高中職	9	2	10	2.222%
大專／大學	17	2	19	3.278%
碩士	21	0	21	0
博士	10	0	10	0
總和	57	4	61	-

　　Q7「是否認同相同語言、風俗、生活習慣、宗教信仰是閩南間文化交流基礎？」的教育程度落點分析中，回答「不認同」的受訪者，僅在大專／大學這個區間出現，且僅佔總體比例的 1.639%。其餘在高中職、碩士、博士等學歷，則無差異；針對回答「不認同」受訪者再度訪談，其不認同原因在於該受訪者覺得文化交流中參雜太多政治因素，有刻意交流目標，所以不認同。詳情請見下表。

表 24 「是否認同相同語言、風俗、生活習慣、宗教信仰是閩南間文化交流基礎？」（教育程度）

教育程度	是	不認同	總和	答「不認同」佔總體比例
高中職	11	0	10	0
大專／大學	18	1	19	1.639%
碩士	21	0	21	0
博士	10	0	10	0
總和	60	1	61	-

　　不過，Q8「是否同意透過相近的閩南文化強化兩岸交流？」的訪談結果發現，受訪者不論哪一種教育程度，全部都同意「文化接近性的閩南文化，的確有助於強化兩岸交流」。這也代表具有文化接近性的閩南文化，是兩岸交流的不錯途徑。詳情請見下表。

表 25 「是否同意透過相近的閩南文化強化兩岸交流？」（教育程度）

教育程度	是	不知道	總和	答「不知道」佔總體比例
高中職	11	0	10	0
大專／大學	19	0	19	0
碩士	21	0	21	0
博士	10	0	10	0
總和	61	0	61	-

參、年齡與閩南文化認同

　　在年齡落點分析中，有較強烈兩岸閩南文化認同的受訪者，與比較沒有兩岸閩南文化認同或者不太清楚的受訪者們，有顯著差異。Q6「是否覺得臺灣閩南文化與大陸閩南文化同源同種？」年齡落點分析中，回答「是」者的年齡平均數是 39.3 歲，而回答「不知道」者的年齡平均數是 23.7 歲，兩者相差近 16 歲，意味著年齡會造成認知的差異。請詳見下表。

表 26　「是否覺得臺灣閩南文化與大陸閩南文化同源同種？」（年齡）

年齡	個數	年齡平均數
是	57	39.3509
不知道	4	23.7500

　　Q7「是否認同相同語言、風俗、生活習慣、宗教信仰是閩南間文化交流基礎？」年齡落點分析中，回答「是」的受訪者年齡平均數為 38.5 歲，回答「不知道」者的年齡平均數是 27 歲，這也意味著年齡造成認知的差異。請詳請見下表。

表 27　「是否認同相同語言、風俗、生活習慣、宗教信仰是閩南間文化交流基礎？」（年齡）

年齡	個數	年齡平均數
是	60	38.5167
不知道	1	27.0000

　　Q6、Q7 的年齡落點分析顯示，較為認同臺灣閩南文化與大陸閩南文化同源同種，或是認為相同語言、風俗、生活習慣、宗教信仰是閩南間

文化交流基礎的受訪者，其年紀平均數超過 35 歲，而較不認同臺灣閩南文化與大陸閩南文化同源同種，或是不認為、不知道相同語言、風俗、生活習慣、宗教信仰是閩南間文化交流基礎的，則是落在 23 至 27 歲間。意味年齡較大者較傾向認同兩岸文化的文化接近性，更傾向於兩岸應該依此脈絡進行文化交流。

肆、小結

綜合觀察發現，性別、教育程度在兩岸閩南文化認同方面，並未有顯著的差異或明顯的認同偏好。但是，換成分析年齡之後，會發現「持有較為強烈兩岸閩南文化認同」的受訪者，甚至希望能進一步進行文化交流的受訪者，年齡較長，年齡平均數在 38 至 39 歲之間，而對於「兩岸擁有同源同種閩南文化認同」不認同或者是較有疑慮的受訪者，其年齡平均數為 23 至 27 歲之間。

值得注意的是，根據調查的結果，「持有較為強烈兩岸閩南文化認同」的受訪者年齡平均數在 38 至 39 歲之間，而從現在（2020 年）回推 20 年，他們幾乎沒有經歷陳水扁時期的臺獨課綱教育，或是經歷的時間相當少。反觀對於「兩岸擁有同源同種閩南文化認同」表達不認同或者是較有疑慮的受訪者，年齡平均數落在 23 至 27 歲之間，回推 20 年，他們至少受過 15 年以上強調「啟發臺灣本土意識」課綱之洗禮。這可以說是用另一種方式說明了「學習」對於文化交流、主體意識的建立等，有著決定性的作用，學習越久則影響程度越深。陳水扁政府是在 2001 至 2002 年間，開始在國小引入「鄉土教育」，要求臺灣的國小學童開始學習「講臺灣話，識臺灣事」，甚至有國小推行「鄉土課全面說臺語」，臺語講得好則有獎勵，講不好或不小心講了「普通話」便有相對應的

「處罰」[1]。

　　上述發現也從另一個角度證明「體驗式學習」之於文化傳承或建立文化主體意識的重要性。鄉土課程是在營造「可供體驗的情境」，陳水扁政府開始引入鄉土教學，課堂上塑造出利於傳播特定意識形態的情境，並讓國小學童沉浸其中，讓學童的兩岸文化或更具體的閩南文化認同受到影響，以為「中國臺灣，一邊一國」，或者「中國臺灣，文化不同」、「中國臺灣，根源不同」、「中國臺灣，身分不同」、「中國臺灣，互不隸屬」。

　　以上就年齡因素所做的交叉分析顯示，我們可以從年齡差距回推受訪者過去曾經受過的教育，來解釋臺灣年輕人對兩岸關係或更具體的兩岸閩南文化認知和認同的差異。這種年齡差距所呈現出來的認知和認同差異意味著，始自陳水扁時期的「啟發臺灣本土意識」的中小學教科書課綱和教材內容，的確對於臺灣年輕世代的「天然獨」傾向產生了影響。

---

[1]　此為作者的成長經驗。

第六章　結論

在本書前面的篇幅中，大致梳理了何謂閩南文化、何謂文化認同、何謂體驗式交流（或學習）、以及閩南文化的體驗式交流是否有助於增進臺灣年輕人「兩岸一家親」的認同，本章將總結本次的研究發現、研究限制、體驗式交流對文化認同的影響、以及相關政策的建議。

總結來說，體驗式交流的確可以起到「幫助兩岸相互理解」的作用。相較於 1987 年 11 月 2 日，蔣經國總統有感於臺海兩岸之間的親人分離太久，決定讓凡在中國大陸有三親等內血親、姻親或配偶的民眾登記赴中國大陸探親的時候，現在的網路通訊科技發達得多，藉由網路通訊和大陸人士交往、瞭解大陸發展情形已經十分便利，不過，網路通訊容易出現嚴重的「假新聞」（fake news）和「同溫層」現象，未必有利於增進兩岸之間的相互瞭解。

所以，即使經過三十餘載的兩岸交流，到了 2016 年總統蔡英文上任之後，兩岸之間的分歧似乎更顯巨大。這種情況，一部分肇因於國際氛圍驟變，中美對抗態勢逐漸升高，促使臺灣內部社會氛圍開始變化，另一部分可能就是肇因於網路通訊科技的發達，各項訊息的露出、流入臺灣的各大社群網站，諸多假新聞和訴諸同溫層受眾的激烈言論泛濫，煽動兩岸民間的彼此仇視。此時，透過兩岸之間閩南文化的體驗式交流（或學習），便可能成為維繫兩岸和諧交流、友善理解的重要橋梁。以下將總結本書的調查結果與研究發現，分析體驗式交流對於臺灣年輕人文化認同的影響，以及與之相關的維繫兩岸友善理解的可能性。

第一節　調查結果與發現

　　本節綜合整理針對 6 場焦點座談 61 位參與者進行問卷調查所獲致結果的整體性分析，以及各個變項之間相關性的意涵，其結果與發現可以歸納為以下幾點。

壹、多數人認同兩岸進行文化交流

　　在本書設計的問卷調查中，第二部分的 Q5 題組顯示出受訪者對於閩南文化的高度接受性，以及與之相關的文化認同和政治認同一定程度的區隔，即當兩岸交流活動不直接涉及「中國人」與「臺灣人」的身分認同或政治認同之時，臺灣年輕人比較不會產生排斥感。

　　如 Q5-1，調查在兩岸閩南文化交流的基礎之上，兩岸之間民眾交流是否會比較沒有障礙？有98.4%的受訪者認為在兩岸閩南文化交流的基礎之上會比較沒有障礙，僅有 1.6%的受訪者表示不認同這樣的說法。搭配 Q5-2 詢問，兩岸通過相近的閩南文化進行互動時，有哪些因素會使得交流的參與者感覺比較親切？認為只有語言會產生影響的受訪者是 1.6%，有98.4%的受訪者認為語言、風俗習慣、戲曲傳承和宗教信仰都會影響。

　　第二部分 Q5 題組的調查透露出很重要的意涵是：臺灣年輕人大多數認可兩岸之間應該進行文化交流，且高度接受此種交流奠基在兩岸閩南文化的接近性之上。此外，也能從中發現，閩南文化在臺灣的影響不光只有閩南語之類的單一因素，而是相當全面，臺灣日常生活、傳統習俗等幾乎全都有閩南文化的影子。因此，奠基在文化接近性之上的交流，並不會像某些人刻板印象中的讓臺灣民眾尤其是年輕人感到排斥或厭倦。

貳、閩南文化體驗交流是一種政治上較不敏感的交流

本書設計的問卷第二部分 Q6 題組，問到臺灣跟中國大陸之間，是否可以透過較為不敏感的閩南文化的體驗來進行並強化兩岸之間的交流。調查結果顯示，在 Q6-1 的調查中，100%的受訪者都同意臺灣與大陸之間，透過文化接近性性較高的閩南文化體驗，有助於臺灣青年對兩岸文化同源同種的認知與認同，有利於兩岸之間民間交流的開展。順著 Q6-1，Q6-2 接著調查文化交流是否為一種較不敏感的交流（即會不會涉及政治敏感性而產生排斥感），結果同樣顯示 100%的受訪者同意這樣的文化交流不會牽涉敏感議題，對兩岸交流是屬於較適合的方式。

第二部分 Q6 題組的調查結果顯示，大多數臺灣年輕人對於兩岸的文化交流，尤其是閩南地區體驗式的文化交流活動是不排斥而可以接受的，且多數人認為這種交流方式是政治上較不敏感的交流，因為不涉及到國家主權的認定、身分的認同、或是其他具有高度政治性意味的議題。在兩岸具有高度文化接近性的情況下，體驗式交流似乎是一條可以選擇的路。

參、造訪中國大陸的經驗影響認同態度

本書設計的問卷第二部分 Q3 題組，旨在調查造訪中國大陸的經驗對受訪者態度的影響。Q3-1 調查受訪者是否造訪過中國大陸並跟閩南文化體驗是否有所關聯，結果有 72.1%的受訪者表示曾經造訪過中國大陸且跟閩南文化體驗有關。Q3-2 進一步追問，是參加哪一種類型的活動？結果顯示，8.2%的受訪者是參加閩南文化慶典，45.9%的受訪者是參加兩岸學術交流活動，41.0%的受訪者參加的是其他類型的兩岸交流活動，有4.9%的受訪者同時參加了閩南文化慶典和學術交流活動。

　　不少受訪者透露，造訪中國大陸的經驗，特別是閩南地區的體驗（包含閩南文化慶典、學術交流活動或二者皆有，以及其他類型的兩岸文化交流活動）對於他們的認同態度有很大程度的影響。原因在於，造訪閩南地區其實是一種對在地文化認知學習的過程，也就是沉浸到閩南文化的情境中，有助於閩南文化的體驗，從而提高相關的認同。

肆、小結

　　對於透過交流活動來促進兩岸人民情感，特別是增強臺灣年輕人對中華文化和中華民族的認同而言，閩南地區的體驗式交流是一條可行的路徑。綜合整理第五章的調查結果發現，多數臺灣年輕人對於文化交流活動的接受程度很高，且在不涉及政治議題的情況下，經由體驗閩南文化風俗習慣、戲曲傳承、宗教信仰的方式進行，鮮少有人會表現出排斥的態度。調查的受訪者也認為，基於兩岸高度文化接近性的體驗，海峽兩岸人民應該是同源同種的。這些研究發現跟前面篇幅中引用之臺灣競爭力論壇的民意調查可以相互印證，就是儘管政治性的國家認同上，「中國人」認同的比例越來越低，「臺灣人」認同的比例越來越高，但是只要先提示兩岸之間有著相同的血統、語言和歷史文化，就仍然會有 8 成的臺灣民眾擁有「中華民族」認同。

　　所以，以臺灣的文化主體——閩南文化，作為兩岸交流的基礎，透過閩南地區的體驗式交流活動來促進兩岸人民情感，特別是增強臺灣年輕人對中華文化和中華民族的認同，應該是有志於促進兩岸關係和平發展的人士，可以採用的途徑和值得努力的方向。

第二節 體驗交流效果交叉分析綜合整理

本次調查問卷第一部分中，Q6 題組調查「是否覺得臺灣閩南文化與大陸閩南文化同源同種？」、Q7 題組調查「是否認同相同語言、風俗、生活習慣、宗教信仰是閩南間文化交流基礎？」、Q8 題組調查「是否同意透過相近的閩南文化強化兩岸交流？」，這些問題的調查結果已經在第五章中進行了性別、教育程度、年齡等等的交叉分析，本節將綜合整理這些分析結果的意涵，並歸納出以下幾點說明。

壹、性別對於受訪者態度沒有影響

Q6、Q7、Q8 等三個題組都與指陳閩南文化構成兩岸文化交流之基礎高度相關，在反應比例上不論男或女並沒有顯著差異，幾乎全是贊同以閩南文化作為交流之基礎，且認為相同的語言、風俗、生活習慣、宗教信仰是閩南間文化交流基礎，更指出應可透過相近的閩南文化強化兩岸交流。男女之性別分別，並未呈現出問題的答案分歧。

貳、學歷對於受訪者態度的影響不顯著

在問卷第一部分的 Q6 題組中，大學學歷的受訪者答「不知道兩岸是否為同源同種」佔總體比例的 3.278%，與高中職學歷的受訪者數據相同（同樣為 3.278%），人數和比例都不高。

Q7 題組中有一位大學學歷的受訪者認為「不認同相同語言、風俗、生活習慣、宗教信仰是閩南間文化交流基礎」，佔總體比例的 1.639%，影響甚微。

Q8 題組「是否同意透過相近的閩南文化強化兩岸交流？」，則不分學歷，盡數同意可以透過相近的閩南文化強化兩岸交流。

所以，基本上學歷高低對於體驗交流效果的影響也不大。

參、年齡差距是影響體驗交流效果最主要的因素

問卷第一部分 Q6 及 Q7 題組的調查結果顯示，不認同「臺灣閩南文化與大陸閩南文化同源同種」以及「相同語言、風俗、生活習慣、宗教信仰是閩南間文化交流基礎」的受訪者年齡偏低，其年齡平均數分別是 23.75 歲和 27 歲。

這相當程度透露出，臺灣比較年輕的世代對於閩南文化構成兩岸文化交流之基礎，以及臺灣閩南文化與大陸閩南文化同源同種，這方面的認知和認同是有疑慮的，同時，這也意味著今天臺灣的青少年在「天然獨」教育環境的影響下，就連文化層面的認知都可能是「臺灣大陸，一邊一文化」。

因此，倘若體驗式交流對於建構兩岸文化認同有正面效果，那麼未來鼓勵臺灣青少年參與體驗式交流，建構出「兩岸一家親」的文化認同，應該是值得推廣的做法。

肆、小結

體驗式交流對於增進「兩岸一家親」的文化認同有一定的正面效果，鼓勵青少年參與體驗式交流，多提供體驗式交流的機會，有助於建構出有利於兩岸關係和諧的文化認同。根據問卷第一部分 Q6、Q7 題組的交叉分析，不認同兩岸文化同源同種的受訪者年齡都偏低，落在 23 至 27 歲不等，這區間年齡剛好都已大量接受鼓吹臺灣本土意識的「去中國

化」課綱之學習，而這些課程對於學習者的兩岸關係認知產生了重大影響，以為臺灣和中國大陸不僅是「一邊一治」，甚至於彼此的文化背景不同、根源不同，互不隸屬。這種情形可以見出兩岸交流幾近停滯以及「去中國化」教育的影響，也突顯了體驗式交流對於增進臺灣年輕人「兩岸一家親」文化認同的重要性。

第三節　研究成果限制與政策建議

壹、研究成果限制

本書最主要的研究成果限制是「如何測出文化認同」的程度，原因在於文化認同是一種主觀的認定，就語意的聯想而言，究竟何謂認同、到什麼程度算是認同，並非如經濟數據般有精密的語意界定和量化數據可循。

其次，是受訪者自身對於兩岸文化認同的認識也不一，對於閩南文化的界定也各有不同。對許多受訪者而言，並沒有意識到我們生活周遭的許多點點面面「那是閩南文化的一部分，而那種生活元素源自中國大陸（精確的說是閩南沿海）」，更可能的情況是先入為主地認為「那是臺灣文化的一部分」，也不會意識到臺灣的主體文化是源自於臺灣移民社會的特性，大量閩南沿海移民移入臺灣之後，使得閩南文化的傳承成為臺灣文化的主體。

所以，往後若再進行類似調查，可能需先做必要的語詞界定和背景說明，以引導受訪者有基本的認識。

貳、政策建議

　　本書的研究結果顯示，閩南地區體驗式交流對於增進臺灣年輕人「兩岸同文同種」或「兩岸一家親」的文化認同有正面的影響，所以，加強推廣此類活動，是有心促進兩岸關係和諧互動、和平發展的有志之士可以努力以赴的。不過，就政策制定而言，在加強推廣閩南地區體驗式交流活動的同時，宜在邀訪對象和活動內容的規劃上注意以下兩件事情。

　　首先，在邀訪對象的年齡層上，宜往較年輕的年齡層多著力。本書的研究結果顯示，年紀相對較小的臺灣年輕人由於受到「去中國化」教育的影響較深，對於兩岸同文同種或「一家親」的認知和認同較為淡薄，在資源有限的情況下，相關資源的配置與活動設計的重心宜往年紀較小的臺灣年輕人投注，以求在可塑性較高的階段發揮作用。

　　其次，在活動內容的規劃上，宜避免或減少政治敏感性。本書的研究結果顯示，有部分參加過閩南地區體驗式交流或曾經造訪過閩南地區的臺灣年輕人，並沒有因為他們的交流體驗或造訪經驗而增進了「兩岸一家親」的文化認同，主要的原因是因為他們覺得其中涉及較多的政治敏感議題，摻雜了較為明顯的政治動機，因而產生了排斥感。所以，為了發揮作用和收到實效，在活動內容的設計宜避免或減少政治敏感性，以收潛移默化之功。

參考文獻

中文部分

(一)專書

石之瑜，2015。《社會科學方法論》。臺北市：五南圖書出版股份有限公司。

史華羅，2009。《中國歷史中的情感文化》。北京：商務印書館。

邵宗海，2014。《新形勢下的兩岸政治關係》。臺北市：五南圖書出版股份有限公司。

邵宗海，2016。《兩岸談判與協商-從白手套到官方接觸再到？》。臺北市：唐山出版社。

邵宗海，2017。《蔡英文時代的兩岸關係(2016-2020)》。臺北市：五南圖書出版股份有限公司。

邵宗海，2017。《蔡英文兩岸政策的心路歷程》。香港：香港城市大學出版社。

海峽兩岸出版交流中心研究部，2005。《連戰大陸行紀實》。北京：九州出版社。

施懿琳主編，2013。《閩南文化概論》。臺北：五南圖書出版股份有限公司年。

唐樺，2019。《兩岸關係中的交往理性》。臺北市：崧燁文化事業有限公司。

張家麟，2017。《兩岸和聲》。臺北市：承莊文采企業有限公司。

黃俊傑，2006。《臺灣意識與臺灣文化》。臺北：臺大出版中心。

喬納森・特納，2009。《人類情感》。北京：東方出版社。

楊國禎，1997。《明清中國沿海與海外移民》。北京市：高等教育出版。

趙建民，2016。《大陸研究與兩岸關係》。新北市：晶典文化事業出版社。

趙春山，2019。《兩岸逆境 解讀李登輝、陳水扁、馬英九、蔡英文的對治策略》。臺北市：遠見天下文化出版股份有限公司。

劉國琛、唐永紅，2019。《走在兩岸交流的前端：福建對臺先行先試的指標意義》。臺北市：崧燁文化事業有限公司。

臺北市兩岸人民交流服務協會，2013。《中華兒女 策馬中原——2012 文史體驗營紀實》。臺北市：風雲時代出版股份有限公司。

黎昕，2015。《閩南文化交流與合作研究》。北京：中國書籍出版社。

蘇起，2014。《兩岸波濤二十年紀實》。臺北市：遠見天下文化出版股份有限公司。

龐建國，2012。《孫中山思想的時代意義：國家發展研究的視角》。新北市：韋伯文化國際出版有限公司。

(二)專書譯文

D. Throsby，2003，《文化經濟學》。臺北市：典藏雜誌社。

Earl Babbie，2013。《社會科學研究方法》(The Practice of Social Research)。臺北：新加坡商聖智學習亞洲私人有限公司臺灣分公司。

Tim O'Sullivan，1997。《傳播及文化研究主要概念》。臺北：遠流出版社。

Sir Edward Burnett Tylor，2005。《原始文化》。桂林：廣西師範大學出版社。

(三)專書論文

柯采霈，2014。《兩岸交流與臺灣民眾認同之變遷——2008 年以來的分析》。臺北：致知學術出版社。

潘峰，2018。《兩岸同根同源的文化展演研究：以臺灣民俗村和閩南緣博物館為例》。臺北：崧博出版事業有限公司。

劉登翰，2013。《論閩南文化——關於性質類型、型態、特徵的幾點辨識》，陳益源主編，《2011 成功大學閩南文化國際學術研討會論文集》。臺北：樂學書局。

龐志龍，2016。《文化認同》（臺灣媽祖文化傳播與兩岸關係互動研究）。蘇州市：蘇州大學。

劉阿榮，2008。《全球在地化與文化認同——臺灣文化認同的轉化》。臺北：元智大學通識教學部出版。

劉軼、張琰，2005。《中國新時期動漫產業與動漫營銷》。北京：中國戲劇出版社。

(四)期刊論文

王南湜，2001。〈關於新世紀價值趨同與價值多元的思考〉，《天津社會科學》。第 1 期，頁 7-12。

王強，2020。〈海峽兩岸閩南文化敘事共同體的建構〉，《閩南師範大學學報》。第 4 期，頁 52-57。

亓華，2007。〈漢語國際推廣與文化觀念的轉型〉，《北京師範大學學報》，第 202 期，頁 118。

朱力南，2017 年。〈福建省設立首批五家台青体驗式交流中心〉，《臺聲》。第 23 期，頁 82。

何平立，2008。〈認同政治與政治認同——「第三條道路」與西方社會政治文化變遷〉，《江淮論壇》。第 4 期，頁 51-57。

李金齊，2009。〈文化理想、文化批判、文化創造與文化自覺〉，《思想戰線》。第 1 期，頁 87-91。

岳方遂、孫洪德、阮顯忠，1994 。〈試論搞活現代漢語教學〉，《語言文字應用》。第 12 期 ，頁 40。

邵宗海，2003。〈從兩岸關係的變遷探討兩岸關係的定位(上)〉，《遠景基金會季刊》。第4卷，第4期，頁1-36。

吳乃德，2002。〈認同衝突和政治信任：現階段臺灣族群政治的核心難題〉，《臺灣社會學刊》。第四期，頁75-118。

吳乃德，2005。〈麵包與愛情：初探臺灣民眾民族認同的變動〉，《臺灣政治學刊》。第二期，頁5-39。

林瓊珠，2012。〈穩定與變動：臺灣民眾的「臺灣人／中國人」認同與統獨立場之分析〉，《選舉研究期刊》。第一期，頁97-127。

林春茵，2019。〈臺灣師生刷新_福州印象_第十六屆榕台青年夏令營在福州開營〉，《臺聲》。第17期，頁64-65。

施正鋒，2006。〈請問陳水扁總統，與中國統合的目的是什麼？〉，《共和國》。第46期，頁4。

孫麗娟、時耀紅，2008。〈淺析語碼轉換與跨文化交際能力的培養〉，《江西科技師範學院學報》。第6期，頁76-78。

陳仙妹，2008。〈中共對臺文化交流之策略與做法〉，《展望與探索》。第10期，第6卷，頁60-82。

陳慧宏，2013。〈文化交流研究入門介紹〉，《臺大東亞文化研究》。第1期，頁1。

陳文華，2017。〈海峽兩岸文化認同的現實考量與因應之策〉，《福建江夏學院學報》。第6期，頁61-70。

陳孔立，2017。〈兩岸文化雜交：現實與聯想〉，《同舟共進》。第6期，頁78-80。

陳孔立，2018。〈推進兩岸文化融合的思考〉，《臺海研究》。第2期，頁55-61。

陳惠蘭、王建紅，2017。〈閩台共同歷史敘事與兩岸青少年文化認同〉，《閩南師範大學學報》。第4期，頁128。

張雅倩，2016。〈讓體驗式交流深入兩岸青年〉，《臺聲》。第 10 期，頁 61。

黃奕維，2017。〈中國大陸對臺青年學生工作成效影響因素分析，展望與探索〉。第 3 期，第 15 卷，頁 70~94。

趙成儀，2005。〈現階段中共加強兩岸青年交流之分析，展望與探索〉。第 10 期，第 3 卷，頁 16-18。

魯洪柯，2016。〈青年交流為兩岸發展注入新動力〉，《臺聲》。第 13 期，頁 50-51。

蔡國裕，2010。〈從「兩岸文化論壇」探討兩岸文化交流，展望與探索〉。第 10 期，第 8 卷，頁 17-23。

蔡國裕，2011。〈從「兩岸文化論壇」探討兩岸文化交流〉。第 10 期，第 8 卷，頁 17-23。

謝大寧，2014。〈從反服貿學運看兩岸文化協議〉，《中國評論》。第一九八期，頁 8-14。

魏玓，2017。〈跨國文化流動的理論裝備檢查：拆解與修整「文化接近性」〉，《中華傳播學刊》。第 31 期，頁 17-48。

簡銘翔、陳建安，2019。〈探索兩岸發展新方法：體驗學習共同保存閩南文化〉，《發展前瞻學報》。第 25 期，頁 65-80。

蘭林友，2003。〈論族群與族群認同理論〉，《廣西民族學院學報：哲學社會科學版》。第 3 期，頁 26-31。

(五)學位論文

呂思賢，2019。《臺灣對大陸地區文化交流政策之研究》。高雄：中山大學政治學研究所碩士論文。

徐正芳、林文政，2005。《體驗式教學之訓練評估——以 F 公司為例》桃園：國立中央大學人力資源管理研究所碩士論文。

張軒豪，2004。《本土化慘業的全球化——以霹靂布袋戲為例》。新

竹：交通大學傳播研究所碩士論文。

陳世昌，2000。《臺灣原住民文化產業與文化行銷之研究》。臺北：臺灣師範大學公民教育與活動領導系博士論文。

郭金龍，2001。《探索教育課程對企業員工人際溝通效果之影響研究》臺中：朝陽科技大學休閒事業管理系碩士在職專班論文。

喬曉華，2008。《初任非滬籍教師對學校教師文化的認同研究——以滬松小學為例》。中國：南京師範大學博士論文。

傅茹璋，2009。《傳統產業轉型地方文化產業創新發展研究》。臺北：中國文化大學建築及都市計畫研究所。

簡銘翔，2016。《2005 年連戰破冰之旅對兩岸關係影響之探討》。臺北：中國文化大學中山與大陸地區研究所碩士論文。

(六)研討會論文

侯尊堯，2010。〈從柔性權力理論看兩岸文教交流演變〉。《美日安保改定 50 週年與東亞安全問題研討會》。頁 93-114。

郭曉川，2012。〈文化認同視域下的跨文化交際研究——以美國、歐洲（歐盟）為例〉。《上海外國語大學研討會》。頁 8-9。

鍾星星，2014。〈現代文化認同問題研究〉。《長春市：東北師範大學馬克思主義學部哲學院研討會》。頁 55-64。

(七)報刊

吳木崑，2009。〈杜威經驗哲學對課程與教學之啟示〉，《臺北市立教育大學學報》。

喻國明，2005。〈渠道霸權時代的終結——兼論未來傳媒競爭的新趨勢〉，《中關村》。

(八)網際網路

BBC，2016。〈分析：撥開「九二共識」與「九二會談」的迷霧〉，<https://www.bbc.com/zhongwen/trad/taiwan_letters/2016/05/160521_china

_taiwan_92_analysis>上網檢視日期，2020 年 12 月 8 日。

大陸委員會，2000。〈海峽兩岸關係紀要〉，<https://www.mac.gov.tw/News_Content.aspx?n=3D7C9BFC4F86BF4A&sms=CDA642B408087E65&s=8859E82FE02BF7C4#004>。上網檢視日期：2020 年 12 月 7 日。

大陸委員會，2001。〈海峽兩岸關係紀要〉，<https://www.mac.gov.tw/News_Content.aspx?n=3D7C9BFC4F86BF4A&sms=CDA642B408087E65&s=32D9DA7591EA15F7#014>。上網檢視日期，2020 年 12 月 7。

大陸委員會，2002。〈海峽兩岸關係紀要〉，<https://www.mac.gov.tw/News_Content.aspx?n=3D7C9BFC4F86BF4A&sms=CDA642B408087E65&s=8CEB2B5F5436B997#025>。上網檢視日期，2020 年 12 月 7 日。

大陸委員會，2005。〈海峽兩岸關係紀要〉，<https://www.mac.gov.tw/News_Content.aspx?n=3D7C9BFC4F86BF4A&sms=CDA642B408087E65&s=AEC54CE1BB842CD0#008>。上網檢視日期，2020 年 12 月 7 日。

大陸委員會，2006。〈海峽兩岸關係紀要〉，<https://www.mac.gov.tw/News_Content.aspx?n=3D7C9BFC4F86BF4A&sms=CDA642B408087E65&s=AEC54CE1BB842CD0#008>。上網檢視日期，2020 年 12 月 7 日。

大陸委員會，2005。〈海峽兩岸關係紀要〉，<https://www.mac.gov.tw/News_Content.aspx?n=3D7C9BFC4F86BF4A&sms=CDA642B408087E65&s=24F0ACFE428B49C1#010>。上網檢視日期，2020 年 12 月 7 日。

大陸委員會，2006。〈海峽兩岸關係紀要〉，<https://www.mac.gov.tw/News_Content.aspx?n=3D7C9BFC4F86BF4A&sms=CDA642B408087E65&s=5715464F025572FF#001>。上網檢視日期，2020 年 12 月 7 日。

大陸委員會，2002。〈海峽兩岸關係紀要〉，<https://www.mac.gov.tw/News_Content.aspx?n=3D7C9BFC4F86BF4A&sms=CDA642B408087E65&s=6357834932B83C83#010>。上網檢視日期，2020 年 12 月 7 日。

大陸委員會，2004。〈海峽兩岸關係紀要〉，<https://www.mac.gov.tw/N

ews_Content.aspx?n=3D7C9BFC4F86BF4A&sms=CDA642B408087E65&s=B10A30ECDDA3B93D#008>。上網檢視日期，2020 年 12 月 7 日。

大陸委員會，2005。〈海峽兩岸關係紀要〉，<https://www.mac.gov.tw/News_Content.aspx?n=3D7C9BFC4F86BF4A&sms=CDA642B408087E65&s=AEC54CE1BB842CD0#008>。上網檢視日期，2020 年 12 月 7 日。

大陸委員會，2006。〈海峽兩岸關係紀要〉，<https://www.mac.gov.tw/News_Content.aspx?n=3D7C9BFC4F86BF4A&sms=CDA642B408087E65&s=BD83162EA2048623#010>。上網檢視日期，2020 年 12 月 7 日。

大陸委員會，2003。〈海峽兩岸關係紀要〉，<https://www.mac.gov.tw/News_Content.aspx?n=3D7C9BFC4F86BF4A&sms=CDA642B408087E65&s=5BD9411B71680621#003>。上網檢視日期，2020 年 12 月 7 日。

大陸委員會，2004。〈海峽兩岸關係紀要〉，<https://www.mac.gov.tw/News_Content.aspx?n=3D7C9BFC4F86BF4A&sms=CDA642B408087E65&s=6238587B9CCFA6AE#017>。上網檢視日期，2020 年 12 月 7 日。

大陸委員會，2005。〈海峽兩岸關係紀要〉，<https://www.mac.gov.tw/News_Content.aspx?n=3D7C9BFC4F86BF4A&sms=CDA642B408087E65&s=7DF35490B9267167#020>。上網檢視日期，2020 年 12 月 7 日。

大陸委員會，2007。〈政府對國共「兩岸經貿文化論壇」之政策立場，大陸與兩岸情勢簡報〉，<https://www.mac.gov.tw/News_Content.aspx?n=78702647C7A5B61B&sms=25D4C64CAEE1E128&s=FF87AB3AC4507DE3>。上網檢視日期，2020 年 12 月 7 日。

大陸委員會，2003。〈海峽兩岸關係紀要〉，<https://www.mac.gov.tw/News_Content.aspx?n=3D7C9BFC4F86BF4A&sms=CDA642B408087E65&s=69EE7CEA8C7550BB#009>。上網檢視日期，2020 年 12 月 7 日。

大陸委員會，2006。〈海峽兩岸關係紀要〉，<https://www.mac.gov.tw/N

ews_Content.aspx?n=3D7C9BFC4F86BF4A&sms=CDA642B408087E65&s=5715464F025572FF#001>。上網檢視日期，2020 年 12 月 7 日。

大陸委員會，2012。〈近年大陸成立對臺交流合作基地概況，兩岸及大陸情勢簡報〉，<https://www.mac.gov.tw/News_Content.aspx?n=78702647C7A5B61B&sms=25D4C64CAEE1E128&s=3C5207E631F457B5>。上網檢視日期，2020 年 12 月 8 日。

大陸委員會，2020。〈民眾對當前兩岸關係之看法民意調查-民眾對兩岸交流速度的看法〉，<https://www.mac.gov.tw/cp.aspx?n=718F4E6181BB749C&s=6D8EE01256B94B8F>。上網檢視日期，2021 年 06 月 06 日。

大陸委員會，2020。〈民眾對當前兩岸關係之看法民意調查:民眾認知大陸政府對我不友善態度〉，<https://www.mac.gov.tw/cp.aspx?n=718F4E6181BB749C&s=72169715BAC40B8B>。上網檢視日期，2021 年 06 月 06 日。

大陸委員會，2020。〈中國大陸人民來臺從事文教交流統計〉，<https://www.mac.gov.tw/News.aspx?n=4892E8B8F5C0E174&sms=AF44BFB2584887A0&_CSN=6C692915AE263916>。上網檢視日期，2021 年 06 月 06 日。

上報，《臺灣最近流行「芒果干」亡國感》，2019．https://www.upmedia.mg/news_info.php?SerialNo=74434。上網檢視日期，2020 年 12 月 8 日。

天下雜誌 2020 獨家國情調查，2020。〈臺灣 vs.中華民國　世代衝突，更勝南北〉，<https://www.cw.com.tw/article/5098353>。上網檢視日期，2021 年 2 月 3 日。

立法院法律系統，2003。〈臺灣地區與大陸地區人民關係條例，異動條文及理由〉，https://lis.ly.gov.tw/lglawc/lawsingle?002D054C387A000

0000000000000014000000004FFFFFA00^01825092100900^000850010
01。上網檢視日期，2020 年 12 月 7 日。

中國評論新聞網，2009。〈大陸惠臺八大利多　馬英九：當然歡迎〉，<
http://hk.crntt.com/doc/1009/7/3/2/100973258.html?coluid=7&kindid=0
&docid=100973258>。上網檢視日期，2020 年 12 月 8 日。

中國新聞網，2020。〈「以雲為媒」開啟兩岸青年交流新方式〉，<http
s://www.sohu.com/a/413705781_123753>。上網檢視日期，2020 年 12
月 8 日。

中時新聞網，2016。《周子瑜憔悴道歉：為自己是中國人而感到驕
傲》，<https://www.chinatimes.com/realtimenews/20160115006013-26
0404?chdtv>。上網檢視日期，2020 年 12 月 8 日。

中央社，2021 年。《邱太三履新陸委會主委期待兩岸春暖花開「務實判
斷未來交流」》，<https://www.cna.com.tw/news/firstnews/202102230
063.aspx>。上網檢視日期，2021 年 06 月 07 日。

立法院法律系統，2010 年。《臺灣地區與大陸地區人民關係條例》，<ht
tps://lis.ly.gov.tw/lglawc/lawsingle?004510118296000000000000000000
14000000004FFFFFD^01825099081900^0001B001001>。上網檢視日
期，2020 年 12 月 8 日。

自由時報，2020 年。《外交發言人開戰：美提臺灣去年警示控中國隱匿
疫情》，<https://news.ltn.com.tw/news/world/breakingnews/3110222>。
上網檢視日期，2021 年 06 月 06 日。

江仕德，2004 年。〈各級學校與大陸地區學校締結聯盟或為書面約定之
合作行為現況分析，大陸與兩岸情勢簡報〉，<https://www.mac.gov.
tw/News_Content.aspx?n=78702647C7A5B61B&sms=25D4C64CAEE1
E128&s=D7B9F1DAF6192D32>。上網檢視日期，2020 年 12 月 7 日。

李文富，2015。〈戶外教育的理論基礎〉《戶外教育實施指引》，〈http

s://www.naer.edu.tw/ezfiles/0/1000/img/67/107069369.pdf〉。上網檢視日期，2020 年 6 月 5 日。

陸委會，2007。〈海峽兩岸關係紀要〉，<https://www.mac.gov.tw/News_Content.aspx?n=3D7C9BFC4F86BF4A&sms=CDA642B408087E65&s=CE963A3254FF9C22#001>。上網檢視日期，2020 年 12 月 8 日。

陸委會，2008。〈中共「兩會」對臺言論簡析，大陸與兩岸情勢簡報〉，<https://www.mac.gov.tw/News_Content.aspx?n=78702647C7A5B61B&sms=25D4C64CAEE1E128&s=D222AB2C227DC406>。上網檢視日期，2020 年 12 月 8 日

陳曉曉，2017。〈兩岸青年交流能突破困境嗎？〉，<http://www.huaxia-forum.org/?p=2223>。上網檢視日期，2020 年 12 月 8 日。

國務院臺辦，2017。〈福建設立首批臺灣青年體驗式交流中心〉，〈http://big5.gwytb.gov.cn/local/201711/t20171129_11873291.htm〉。上網檢視日期，2020 年 6 月 5 日。

國家旅遊局信息中心，2011。〈大陸居民赴臺個人遊正式啟-首批 290 名遊客今抵臺，中華人民共和國國家旅遊局〉，<http://www.cnta.gov.cn/xxfb/jdxwnew2/201506/t20150625_460655.shtml>。上網檢視日期，2020 年 12 月 8 日。

新頭殼，2019。〈怎麼看「下架吳斯懷」？吳斯懷：不像選舉了〉，<https://newtalk.tw/news/view/2019-12-19/342605>。上網檢視日期，2020 年 12 月 8 日。

福州市臺港澳辦，2019。〈榕台大學生閩都文化体驗營創兩岸青年交流新模式〉，<https://kknews.cc/zh-tw/n/g4x6n5y.html>。上網檢視日期，2020 年 6 月 5 日。

遷臺歷史記憶資料庫，2007。<https://www.mocsr.com/about.php>。上網檢視日期，2020 年 12 月 8 日。

謝智謀,〈另類學習方式-體驗學習〉。<http://www.scu.edu.tw/sw/course/community/3.pdf>。上網檢視日期,2020 年 6 月 5 日。

顏建發,2017。〈從第 9 屆海峽論壇透視北京對臺戰略布局,大陸與兩岸情勢簡報〉,<https://www.mac.gov.tw/News_Content.aspx?n=78702647C7A5B61B&sms=25D4C64CAEE1E128&s=5E662AA787517981>,上網檢視日期,2020 年 12 月 8 日。

龐建國,2020。〈九二共識存廢之間〉《中時電子報》,<https://www.chinatimes.com/opinion/20200311003981-262105?chdtv>。上網檢視日期,2020 年 6 月 3 日。

英文部分

(一)專書

Breuilly, John, 1982. *Nationalism and the State*. Chicago: The University of Chicago Press.

Dewey, John, 1938. *Experience and Education.* New York: Macmillan Co.

Dewey, John, 1958. *Experience and Nature.* New York: Dover Publications.

Ennaji, Moha, 2005. *Multilingualism, Cultural Identity, and Education in Morocco.* New York: Springer.

Kroeber, A. L. & Kluckhohn, C, 1952. *Culture: A Critical Review of Concepts and Definitions*. Cambridge, Boston: Peabody Museum of Archaeology & Ethnology, Harvard University.

Tylor, Edward Burnett, 1913. *Primitive Culture: Researches into the Development of Mythology, Philosophy, Religion, Language, Art and Custom*. UK: Cambridge University Press.

(二)專書論文

Kulinich, Marina A., Elena Yu Makeeva and Ekaterina V. Savitskaya, 2019.

"Theory and Practice of Intercultural Communication in Language Teacher Training and Translator Training," *Proceedings IFTE*, pp. 397-406.

Standaert, Nicolas, 2002. "Methodology in View of Contact between Cultures: The China Case in the 17th Century," *CSRCS Occasional Paper*, pp.1-64.

(三)期刊

Goodman, Howard & Anthony Grafton, 1991. "Ricci, the Chinese, and the Toolkits of Textualists," *Asia Major*. Vol. 3, No. 2, pp. 95-148.

Powers, Daniel A. & G. Christopher, 1995. "Interracial Contact and Black Racial Attitudes: The Contact Hypothesis and Selectivity Bias," *Social Forces*. Vol. 74, Issue 1, pp. 205-226.

Marti Ann, Reinfeld, 2003. "Tourism and the politics of cultural preservation: A case study of Bhutan," *Journal of Public and International Affairs*. Vol. 14, No. 1, pp. 1-26.

Rogers, Richard A, 2006. "From Cultural Exchange to Transculturation: A Review and Reconceptualization of Cultural Appropriation," *Communication Theory*. Vol. 16, No. 4, pp. 474-503.

Schmitt, B. H, 1999. "Experiential marketing," *Journal of Marketing Management*. Vol. 15, pp. 53-67.

Smith, Anthony D., 1992. "National Identity and the Idea of European Unity," *International Affairs*. Vol. 68, pp. 55-76.

Straubhaar, Joseph D., 2009. "Beyond media imperialism: Asymmetrical interdependence and cultural proximity," *Critical Studies in Mass Communication*. Vol. 8, pp. 35-59.

國家圖書館出版品預行編目(CIP) 資料

體驗式交流對臺灣年輕人文化認同之影響 / 簡銘
翔著. -- 初版. -- 臺北市：元華文創股份有限公
司, 2022.07

面；　公分

ISBN 978-957-711-253-8　(平裝)

1.CST: 兩岸關係　2.CST: 兩岸交流　3.CST: 文化交流

573.09　　　　　　　　　　　　　111004931

體驗式交流對臺灣年輕人文化認同之影響

簡銘翔　著

發 行 人：賴洋助
出 版 者：元華文創股份有限公司
聯絡地址：100 臺北市中正區重慶南路二段 51 號 5 樓
公司地址：新竹縣竹北市台元一街 8 號 5 樓之 7
電　　話：(02) 2351-1607　　傳　真：(02) 2351-1549
網　　址：www.eculture.com.tw
E-mail：service@eculture.com.tw
主　　編：李欣芳
責任編輯：立欣
行銷業務：林宜葶
出版年月：2022 年 07 月 初版
定　　價：新臺幣 350 元

ISBN：978-957-711-253-8 (平裝)

總經銷：聯合發行股份有限公司
地　址：231 新北市新店區寶橋路 235 巷 6 弄 6 號 4F
電 話：(02)2917-8022　　　　傳 真：(02)2915-6275

版權聲明：

　　本書版權為元華文創股份有限公司(以下簡稱元華文創)出版、發行。相關著作權利(含紙本及電子版)，非經元華文創同意或授權，不得將本書部份、全部內容複印或轉製、或數位型態之轉載複製，及任何未經元華文創同意之利用模式，違反者將依法究責。

　　本著作內容引用他人之圖片、照片、多媒體檔或文字等，係由作者提供，元華文創已提醒告知，應依著作權法之規定向權利人取得授權。如有侵害情事，與元華文創無涉。

■本書如有缺頁或裝訂錯誤，請寄回退換；其餘售出者，恕不退貨■